思想觀念的帶動者

文化現象的觀察者

本土經驗的整理者

生命故事的關懷者

Master

對於人類心理現象的描述與詮釋
有著源遠流長的古典主張，有著素簡華麗的現代議題
構築一座探究心靈活動的殿堂
我們在文字與閱讀中，找尋那奠基的源頭

聆聽的力量：臨床哲學試論

「聴く」ことの力：臨床哲学試論

鷲田清一 著

林暉鈞 譯

目錄

第八章 Homo Patiens —— 207

後記 249

〔推薦序一〕

把哲學放在社會的床邊，重新尋找哲學的可能性

廖欽彬／廣州中山大學哲學系教授

幾年前，心靈工坊編輯團隊向我諮詢是否能推薦一些日本當代哲學思想類的好書，我完全不假思索，就推薦鷲田清一（1949-）的《聆聽的力量：臨床哲學試論》這本書，並建議由林暉鈞先生翻譯。我的推薦理由有幾個。首先心靈工坊的出版書物有一些我認爲的傾向，那就是大多和關懷人的心靈世界、生命世界有關。此書譯者林暉鈞先生，在心靈工坊出版的譯著，除了和這些有關的書物外，還大量翻譯了日本當代左翼思想家柄谷行人（1941-）先生的著作。這些書物雖然和人的心靈沒有直接關係，但和人類受當今新自由主義的全球化資本宰制之窘困，卻有百分之百的關聯。而我們又可以說人類的心靈、生命，並無法避免這種全球化資本所帶來的「災難」。我想心靈工坊和林暉鈞先生出版柄谷著作的初衷，必不會脫離我上述的猜測。

第二個理由和林暉鈞先生的人生選擇有一些關聯。他在多年前辭掉學院工作，脫離體制，選擇站在體制外不斷地和自己以及臺灣社會進行「雙向辯證」。用鷲田的語境來說就是「呼應」。這裡的「呼應」代表的是必須與具體人事物共在、共存、共振的倫理自覺。

第三個理由是普遍的哲學教育界之危機。哲學一直以來，被嘲諷爲不過問世事、不討論具體人事物的象牙塔學問。這是連從事哲學教育工作的我都必須承認的事實。《聆聽的力量》恰好就是爲了將哲學從象牙塔解放出來而撰寫的標誌性讀物。

鷲田清一被譽爲當代日本的臨床哲學家、倫理學家，現爲大阪大學、京都市立藝術大學名譽教授、仙台多媒體中心館長，曾擔任關西大學文學部教授、大阪大學校長、京都市立藝術大學校長等職務。鷲田的著作等身，在此不一一介紹。《聆聽的力量》是鷲田於大阪大學升等教授後，在《季刊アステイオン》連載八期文章的論文集。此書是由TBSブリタニカ出版社於一九九九年出版，獲得二〇〇〇年第三回桑原武夫學藝獎，爾後被筑摩書房於二〇一五年再版爲文庫本。

在此我想從幾個面向來介紹《聆聽的力量》在當代日本的意義。此書的形成和日本的臨床哲學運動有很大的關聯，其副標題「臨床哲學試論」代表的是鷲田呼應這個運動的一個嘗試，或者我們也可以說這是鷲田臨床哲學的開端。

關於日本的臨床哲學運動，在我的一篇文章〈日本臨床哲學之初探：兼與台灣人文臨床的對話〉（收錄於余安邦主編《人文臨床與倫理療癒》〔臺北：五南出版，二〇一七年〕，頁75-93）已有大略的整理，以下只就重點來介紹。臨床哲學（clinical philosophy）在日本九〇年代就已經開始被廣泛認識與討論。從醫療現場發起的有木村敏（1931-2021）和養老孟司（1937-），這一脈代表著醫療必須有哲學的介入。從哲學或學術現場發起的，先有中村雄二郎（1925-2017），後有鷲田清一，這一脈代表著哲學必須要有醫療等社會現場的介入。兩個脈絡方向不同，自然著重點也有所不同。鷲田試圖透過梅洛-龐蒂（Maurice Merleau-Ponty, 1908-1961）的身體現象學、列維納斯（Emmanuel Lévinas, 1905-1995）的倫理學、德希達（Jacques Derrida, 1930-2004）的解構哲學等，來建構自身的臨床哲學，並探索該哲學與醫療、社會現場之間的新關係。

除了上述的哲學運動外，《聆聽的力量》關連到大阪大學將「哲學講座倫理學研究室」改成「倫理學・臨床哲學研究室」的體制改革，並且爲該研究室奠定了教學與社會活動的基本方針。這傳達出大學的哲學教育體制有必要轉向的訊息。相對於日本的變化，在台灣亦有黎建球（輔仁大學前校長）提出「哲學諮商」、余德慧提出「人文療癒」。

事實上，大阪大學的體制改革也和日本現象學的當代發展不無關係。大阪大學「倫理學・臨床哲學研究室」的第三代領導人浜窩辰二（同大學名譽教授）就是典型的代表。浜窩主要研究胡塞爾（Edmund Gustav Albrecht Husserl, 1859-1938）的交互主體性理論，從這一現象學視域出發，展開和日本社會現場的對話與交流。在這一風潮下，另有位榊原哲也（東京大學名譽教授）從胡塞爾發生現象學的立場和醫療、照護等現場進行對話與合作。從大方向來看，日本當代德法現象學的發展，都和醫療、照護等現場有緊密的關聯。

第三個面向我想歸結至哲學在日本的接受與發展的歷史脈絡上。日本自明治維新以來，對哲學的關心一開始集中在它對經世致用的效益上，因此早期的風潮大多集中在實證主義哲學、政治哲學、社會進化論等。到了井上哲次郎（1856-1944）及其後的哲學發展，開始走向學院化、專業化的道路，甚至還被譏諷爲是有產階級的產物。這個風潮直到戰後因英美的分析哲學、心靈哲學、哲學實踐以及後現代主義思潮的影響才開始改變。

我認爲《聆聽的力量》是在上述諸面向上發展出來的。至於臨床哲學和聆聽的關係，我們可以從鷲田本人以下的這段話掌握到。

> 「臨床哲學」要做的不是主張，而是「聆聽」。「臨床哲學」不可能普遍化。「臨床」是一個事件；當從事哲學思考的人親身面對臨床的場面，「臨床」將徹底改變他的經驗；也因此，「臨床」必定發生在時間之中。在這三重的意義下，「臨床哲學」有意識地讓自己成爲「非哲學」。

能在這樣的地方，關心外來的訪客肚子餓不餓。這種高尚的人品，究竟來自何處？還有，「這裡的飯很好吃喔！」那種開朗、充滿活力的聲音，究竟是從哪裡發出來的？

在這個避難所，身爲訪客的我們，肚子受到受災者的關心。要來關懷別人的人，反而受到關懷。同時更讓我留下強烈印象的是，在深沉的悲哀之中，有某種甩掉一切之後的「開朗」。那種「開朗」，和關西人動不動就自嘲、拿自己開玩笑的特質不一樣。我深深感覺，人與人之間相互的hospitality背後，一定要有這樣的「開朗」。

我深信鷲田無論是對現實、具體的人事物還是對哲學的關心，遠遠超過上面兩句話的內容。對所有人事物的用心感受，正是吾人對自身生活世界的最好「呼應」。希望透過以上的推薦內容，能爲讀者開啟閱讀此書的心靈之窗！

二〇二二年八月七日

於廣州金沙洲

〔推薦序二〕

臨床哲學與哲學諮商

尤淑如／臺灣哲學諮商學會高級講師

鷲田清一在書中引木村敏的觀點：如果不包含臨床哲學的要素，精神病理學無法成立。木村敏主張精神科醫師需要臨床哲學的思考。其實，不僅精神病理學、精神科醫師需要臨床哲學，哲學諮商更需要臨床哲學。

十多年前台灣成立哲學諮商學會，有系統地培養哲學諮商師從事哲學助人的實務。美國哲學實踐者協會（American Philosophical Practitioners Association, APPA）定義哲學諮商是一種基於哲學的活動，是一種有益於來訪者的非醫療性的活動。哲學諮商聚焦於理性的哲學思辨，協助來談者獲得智慧來面對人生的困境。無論是哲學實踐或哲學諮商，都著重於如何幫助受苦者的實務面。特別是「哲學諮商」，既以「諮商」為名，必更看重諮商技術的運用；那麼，哲學諮商若有別於心理諮商，更需有不同於學院裡的哲學理論來爲「哲學諮商的哲學理論」奠基。畢竟，學院派哲學向來不是以諮商或受苦議題來建構學問，哲學諮商需要有聚焦於受苦議題、關乎聆聽、關乎對話的臨床哲學作爲其理論基礎。

鷲田清一的《聆聽的力量：臨床哲學試論》正是哲學諮商所需的哲學諮商通論。臨床哲學所意旨的哲學和哲學諮商的核心要旨一致，強調回到蘇格拉底的對話精神，強調哲學發端於某個人的面前，從與某人近距離交談中產生。無論是臨床哲學或哲學諮商，都主張將哲學從學院抽離，重新回到有他者存在的場所，須以尊重個別對象與事件的個別樣貌的態度進行哲學思考，拒絕將思維對象視爲某種一般性問題的一般事例，而是接受個別問題特殊的、原本的樣貌。

臨床哲學的哲學是一種思考世界與自己、以概念爲思考迴路與媒介的行爲，這樣的思考透過聆聽，以身體、生命去感受各種概念而非分析概念。臨床哲學重視思考路徑與痕跡，目的是與受苦者共同產出有助於人「活得更好」的想法、方向或智慧。「臨床」是指「受苦的場所」。臨床哲學以受苦場所爲對象，以聆聽爲思考媒介，不發展以治療爲主的知識，而是不斷地用各種面向試圖與受苦者對話，一起思考，在與受苦者共苦的過程中陪伴受苦者找到面對問題，克服問題的力量與智慧。

鷲田清一參照梅洛-龐蒂的思想，將「臨床哲學」建立在三個「非哲學」的觀點上。首先，「臨床哲學」是以「聆聽」爲己任的哲學。第二，「臨床哲學」重視面對特定他者時的獨特性。第三，「臨床哲學」關注的是那些一般性原則因單一事例而動搖的哲學經驗。臨床哲學所意旨的哲學，正如梅洛－龐蒂對哲學的定義：「不斷更新有關自己線索的經驗」。哲學諮商的學習者可透過臨床哲學的視角去認識受苦的場所、受苦的人以及受苦本身。哲學諮商的現場卽本書所意旨的「臨床」，這是一個複數的主體進行共時的相互接觸的場所。所謂「共時的」，翻譯自synchronic這個字，有同時、同期、同調的意思。換句話說，就是在同一時間內相互交流活動的狀態。在這樣的共時關係中，哲學諮商師以哲學思考和他者「一起經歷苦難」（sym-pathy）。

雖然臨床哲學和哲學諮商一樣，都強調回到哲學最原初的精神，透過對話的方式與眼前的近人一同思考難題；然而，不同於蘇格拉底強調智慧的發問，鷲田淸一更加重視聆聽的力量。他在書中逐一探討對話中的聽與說，包括：目光、聲音、Timing、自我與他者的距離、他者的個別性、碰觸，以及無可取代的這個【我】的獨特性到底爲何？等，此外他更提出應以「熱誠款待」（hospitality）和「易受傷害」（vulnerable）（無法不感受到別人的痛苦）的特質來聆聽。熱誠款待的本質，不在負責接待的主人身上而是根據來訪客人而制定。臨床哲學要以這樣的「聆聽」作爲哲學的實踐，無條件地與受苦者「同在」，讓聆聽中的「被動」與「接納」所帶來的正面力量陪受苦者一起面對痛苦。哲學諮商師學習臨床哲學不僅可以認識受苦場所，並且也可以知道如何以更爲合適的態度來面對受苦者，使哲學諮商師發揮聆聽的力量。

〔推薦序三〕

聆聽無聲之聲

張政遠／日本東京大學大學院綜合文化研究科副教授

大約二十年前，筆者在仙台留學。當時鷲田清一先生曾經來到東北大學講課，內容是九鬼周造的哲學。我有幸旁聽，內容雖然已忘記得一乾二淨，但大師的風采卻依然歷歷在目。

鷲田先生並不像一位在象牙塔裡閉目沉思的哲學教授，而更像一位「在野」的哲學家。他的哲學並不主張長篇大論的說教，而是聆聽。聆聽的哲學不是概念或論證的分析，而是「臨床」。他認爲哲學太拚命地「說話」了，我們本來應該以「聆聽」爲己任，在大學以外實踐哲學。

的確，哲學本來並不是發生於太平盛世的高等學府——而是在城邦裡的廣場，又或者是在那些禮崩樂壞的時代。鷲田先生亦親身經歷了各種災難現場，包括一九九五年的阪神大地震和二〇一一年的東日本大震災。哲學家在災區可以做的事，不是參與重建工作或作專業心理輔導，而是誠心地聆聽災民的聲音。

大阪大學有一個「臨床哲學」學科，這可以說是哲學在阪神大地震之後的轉向——從學院轉到社區，從說話轉到聆聽。東日本大震災之後，鷲田先生成爲了仙台多媒體中心的館長，他在《河北新報》的一篇訪問中如此說：

地震十周年是一紀念之年，但世人的十年和災民的十年並不一樣。他們各自走過了自己的十年，雖然有些人可能覺得這是一個重要的里程碑，但有些人可能認爲這十年又如何？

有些人在十年後終於可以談論災難了，而有些人則覺得災難已經持續了很久，十年並不特別。十年的含義因人而異，而且非常多義。

時間是多層次、多維度和困難的。即使腦裡知道已經過了十年，但有些時候，就像創傷一樣，已經沉澱在你身體的底部。即使你認爲你的十年是這樣的，在你沒有意識到的地方，它可能有不同的、更強烈的意義。

在一九九五年的阪神大地震中，神戶的孩子們失去了他們的家人和家園，他們當時還太小，無法理解所發生的事情，他們看到了東日本大地震和海嘯的畫面，並有一些關於恐慌的故事。

〔推薦序四〕

「聆聽」這件事的現象學描述

李維倫／國立政治大學哲學系教授兼文學院副院長
美國杜肯大學臨床心理學博士
臺灣存在催眠治療學會創會理事長

鷲田清一教授的這本《聆聽的力量——臨床哲學試論》討論的是聆聽這件事的本質。由於聆聽是人與人之間最平常的活動之一，因此所有的人都可以從這本書獲益。

這樣說好了。如果你知道了，聆聽是一種「皮膚的經驗」，你會如何聽？你又會如何發出話語？如果你是會跟孩子說話的人，是父母或老師，你會給孩子什麼樣的「皮膚經驗」？我自己是兩個孩子的父親，當他們說話時我聽得到他們在哪裡，身體是緊的還是鬆的。我也知道我說出的話會「碰到」他們，因此我會盡量給出觸感舒服的話語。不過，我也常常聽到許多的父母與老師對著孩子說出的話，帶著像是針扎的或刀刮的皮膚經驗。他們並不是惡意，多是擔心與憤怒。如果你是會跟孩子說話的人，這本書將讓你安心，因為你就知道要給你的孩子觸感舒服的話語。

上面只是舉個例子。本書可說是對一位哲學家對「聆聽」這件事進行了現象學的描述，讀者可以從中了解到聆聽的種種本質。雖然我們會驚訝於鷲田教授所揭示的內容，但卻又會明白，這些早在我們的經驗之中。

鷲田教授是一位現象學哲學家，但跨入了臨床的領域；而我是一位現象學取向的臨床心理學家。因此，我感到與鷲田教授就像同路人一般。不過在讀這本書時，我心裡倒不是一直在說：「這我知道」，而是不斷地覺得：「說得眞好！」鷲田教授用具體的例子與輕鬆親和的筆觸在寫這本書，我想他也會認爲，閱讀也會是一種「皮膚經驗」吧！

二十餘年來我一直在教導我的學生如何成爲心理治療師，如何聆聽我們所陪伴的人。以不同的方式鷲田教授也在告訴所有的臨床工作者，如何進入一種聆聽的關係。我認爲，對醫師、護理師、心理師與社工師等照顧專業同仁來說，這是一本專業的書，裡面所包括的是具備療癒性質的對待。這樣的療癒來自對人存在狀態的理解，使得我們的照顧行動有人文的深度。此外，如果你聽聞過人文心理學或人文醫學，想了解現象學思考如何能夠作爲專業照顧的基礎，那這本書就是你的入手點。

接著我要說說這本書對哲學系學生或哲學愛好者的重要性。兩年前我從東華大學諮商與臨床心理學系轉任政治大學哲學系，心裡一直盤算著我能夠帶給哲學系的學生什麼樣的課程？我知道我的任務是在哲學系帶出實踐面向。但這「實踐面向」意謂著什麼？哲學的核心不是進行思考嗎？那思考要怎麼「用」呢？經過了一年的授課學習後，我發現到，哲學系的訓練集中於培養「對文本思考」的能力，因此我可以貢獻的是讓學生具備「對經驗思考」的能力。鷲田教授則是直白地說，他不是要以哲學思考「聆聽」，而是要以「聆聽」思考哲學！在這裡，聆聽作爲一種經驗，是進入哲學的方法。更進一步地說，鷲田教授要顯示的是「哲學作爲『聆聽』的可能性。」

相對於目前學院中以文獻學與哲學史爲方法的哲學研究，這聽起來離經叛道。但人們對哲學的期待，難道不是對生活提出有別於各種專業知識的言說，從而引導出重新看待各種生活與專業行動的眼光？難道哲學眞的能夠不進入生活，如同精品店內的擺飾？其實，藉由「聆聽」，鷲田教授尋求的是如同蘇格拉底在市井之間所做的，讓哲學置身於面對面的場所。在他的反省裡，「所謂的『哲學』就是這樣的行爲——思考世界與自己，並且持續創造各種『概念』，以作爲思考的迴路與媒介。」

於是，鷲田教授提出了以「聆聽」作爲哲學實踐的「臨床哲學」。這是「有現場的哲學」，也是「有哲學的（臨床）現場」。有了鷲田教授爲伴，讓我與哲學系的同仁們更加有底氣奮鬥——面對哲學本身形式的奮鬥，從而爲學生爭取一條新的哲學之路。事實上這條路在台灣早有前人的開拓。二〇〇〇年時，政大哲學系的蔡錚雲教授就曾領銜執行精神衛生現象學的整合計畫，同年在東華大學余德慧教授提出以現象學爲指引的倫理療癒主張。二〇一〇年余德慧教授在慈濟大學進一步提出「人文臨床」的號召，而在今年政大哲學系建立了「照顧哲學」的學分學程。「臨床哲學」與「照顧哲學」皆是要爲哲學置身於生活的努力。

最後我為要為讀者指出閱讀本書的另一項樂趣。與鷲田教授同為現象學哲學家的李察・詹納（Richard M. Zaner）的作品，《醫院裡的哲學家》及《醫院裡的危機時刻：醫療與倫理的對話》也是以具體事例寫成的臨床哲學實踐。讀者可以比較日、美兩位學者在同樣的題材上不同的敍述風格。另一方面，由心理治療學者揭示臨床與現象學關係的書寫則有羅伯・史托羅洛（Robert D. Stolorow）領銜的《體驗的世界：精神分析的哲學和臨床雙維度》與《現象學的力量：精神分析與哲學的視角》，以及拙作《存在催眠治療》（以上書籍皆由心靈工坊出版，或即將出版）。這些作品勾劃出現象學哲學與臨床現場的交織，讀者可以從中窺見人文心理療癒的思考視野與實踐風格。

第一章

一個哲學上的「嘗試」

1 聆聽的行爲

朋友的友人中有一位女性，在阪神與淡路地震之後，長期在鄰近一所小學的體育館擔任義工，爲前來避難的民衆提供膳食。那段期間，她經常與一位在避難所生活的女性交談。那是一位彷彿拿著尖錐扎著自己、不斷苛責自己的母親，一直說自己殺死了兒子。她的兒子當時是考生，爲了準備大考經常讀書到深夜，累了就窩在客廳的暖桌下打瞌睡。這種時候她總是會叫醒兒子：「這樣會感冒喔！」硬是把他拖到二樓的房間，讓他好好睡覺。事情發生的那個晚上，她看兒子睡得很熟，不忍心叫醒他，就讓他繼續睡在暖桌旁。隔天清晨，天還沒亮，猛烈的地震發生了。地震震垮了二樓的地板，將她的兒子壓成肉泥。

這位母親覺得，兒子是因爲自己的疏忽大意而死的。事件發生後，她怎麼也無法承受這個事實，從未停止責備自己，對著自己已經破破爛爛的心，一刀一刀繼續刺下去。而就在某一天，她偶然遇到了這位義工，開始反覆對她述說自己「無可挽回的過失」。根據這位義工的描述，那時候她什麼也不能做，只是靜靜地聆聽這位母親說話。然而就只是聆聽，卻似乎逐漸縫補起這位母親支離破碎、百孔千瘡的心，開始在薄薄的一層保護膜下，奮力癒合。

聽到這個故事的當下，我想起一件事。那是中川米造（1926-1997）《爲醫療看診》（『医療のクリニック』）一書中所引用的，針對安寧照護所做的一份問卷表。調查的對象是醫學院學生、護理學校學生、內科醫師、外科醫師、癌症專科醫師、精神科醫師以及護理師。這份問卷是由兩位末期醫療的研究者（柏木哲夫、岡安大仁）所設計的，在該領域的專家之間廣爲人知。其中有這樣一個問題：「如果有患者問你『我是不是已經快不行了？』你會怎麼回答？」有五個答案可供選擇：

（1）鼓勵患者：「不要說這種喪氣的話，繼續加油！」
（2）回答患者：「這種事不需要擔心喔！」
（3）反問患者：「爲什麼會這樣想？」
（4）表示同情：「痛成這個樣子，會這麼想也是理所當然的……」
（5）回答患者：「是喔……你覺得自己快不行了啊！」

結果除了精神科醫師以外，幾乎所有的醫師與醫學院學生都選擇（1），護理師與護理學校學生大多選擇（3）。而大多數精神科醫師——先不談他們怎麼解釋——的選擇，則是（5）。乍看之下，（5）好像沒有提供任何答案。中川米造認爲，它事實上不是解答，而是「一種回應，表示患者的話確實被聽進去了」。「聆聽」不是除了聽，什麼都不做，並不是一種純粹被動的行爲。對於說話的一方來說，那是一個明確的事件：有人接受自己所說的話。透過這樣的互動，「患者開始願意開口。那無以名狀的不安，究竟來自何方？因爲有了聽者的支持，患者得以尋找答案。很多時候，只要能明確地表達，不安就能消除。即使不能馬上消除，也能夠清楚找到解決的線索」。

「聆聽」——接受他人的話語——能開闢一個空間，讓他人得以理解自己。我們確實可以感受到專注傾聽所具有的力量。從前古希臘哲學家稱之爲「助產術」譯註一，就是這種力量。

在這裡我要思考的，就是這種「聆聽」的行爲，以及它的力量。不是訴說或勸戒，那種試圖影響他者的行爲；也不是論述或主張等等，在他者面前表現自己的行爲。我要思考的是「聆聽」——接受他人話語的行爲，以及這種行爲的意義。我將從各種角度思考「聆聽」這種被動的活動，並藉以進一步探討哲學——不是「聆聽」這種行爲的哲學，而是哲學作爲「聆聽」的可能性。

2 哲學的獨白

可以預期，如此煞有其事地將「聆聽」和「哲學」的勾當扯在一起，想必會招來某種莫名的反感。問題或許來自這樣的懷疑吧——透過「聆聽」與他者產生關聯，是作爲見」這個要素。

3 哲學的風格

話像箭一般飛過來、話刺進胸口、話一一說中、話裡帶刺、話攪成一團、話像暴風一樣，還有話很冷、很硬、很重……。這些形容不只是比喻而已，我們眞的會產生字面所描述的感受。話語的內容當然重要，但話語的肌理（譯按：日文爲「きめ」，也可譯爲質地、觸感），也具有強大的影響力。有時候比起說話的內容，一個人說話的方式甚至更使我們著迷。哲學一向過度重視說理（Logos），對語言的肌理太過漫不經心。給予人支持的力量、或是傷害人的，往往是哲學語言的觸感，而不是哲學的內容；對於這一點，哲學家實在是太缺乏自覺。只要看看哲學翻譯書的文體，就讓我們不由得這麼想。不，光是這些文章的字面，就能給我們這種感覺。

哲學家經常擺出一副看門人的臉孔；要不要放我們進門，心裡早有定見。他們翻找我們的包包，就是要看我們是否帶有「哲學的」態

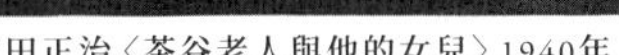
植田正治〈茶谷老人與他的女兒〉1940年

度與方法。稍後我們還會談到哲學家這種對方法論的偏執，同時引述阿多諾（Theodor W. Adorno, 1903-1969）「essay」的概念——阿多諾認爲它「以非方法作爲方法」，與哲學家對方法論的偏執相抗。但是在進行議論之前，我想先咀嚼玩味當代德國現象學家瓦登費爾斯（Bernhard Waldenfels, 1934-）的一段話：「善良的目光與邪惡的眼神，正確的話語與錯誤的話語——倫理與邏輯並不是從規則表開始的，而早已在日常生活的各種迷誤與牽連中進行。」之後，我們將進一步思考哲學語言的質地、觸感，以及作爲「聆聽」的哲學之力量。

無須贅言，說話不只需要有人聽，說話的人也需要聽對方講話。但是，如果要把「聆聽」的行爲當作哲學的工作來做，那麼哲學就必須在人們交談的場所中，取得立足之地。當然，人們不一定會用哲學的語言交談。不僅如此——在日常的世界中談論哲學，反而應該說是例外吧！

部，與對象獨一無二、因而無法表達的特質合而爲一時，所產生的同理（sympathy）」。「直觀」是直接觸及事物本身，也就是從事物的內部認識它。與此相反的是「分析」——「分析」是將眞實存在的事物翻譯成符號，並操作這些符號。「分析」只能認識事物的影子，以及事物與事物之間的關係。換句話說，只能得到來自外部的知識。與伯格森同時代還有一位人物，將這兩種認識對象的方式列爲對比，那就是徹底經驗主義（Radical Empiricism）哲學家威廉．詹姆士（William James, 1842-1910）。詹姆士認爲，透過身體學習到的知識是「knowledge by acquaintance」（熟知），有關某事物的概念性知識是「knowledge-about」（關於……的知識），並且尖銳地將此二者對立起來。

這樣的「思考」（與對象的相互交融）——如果不是發生在我們與物品之間的經驗，而是發生在我們以近距離對話的形式，站在他者面前的時候——意味著把自己放置在無法逃離的、充滿緊張感的場所。因爲所謂的說話，不是只有向他者發出話語；傾聽並接受他者話語的方式，無疑也是說話的一種，同樣具有意義。關於這一點，只要想想我們與他人談話時眼神的顫抖或猶疑，或是爲了選擇或微調用語時必須耗費的精力，就能明白。將該場所的所有因素納入考量，不放過對方任何細微的表情變化，在這種緊繃的空氣中，互相深入對方的內部——這種經驗我們當然都有。然而比起（身體與言語）順暢的溝通，更多時候，我們受阻在溝通的界線之前，無法繼續前行。在這樣的對話裡，冰凍的話語我們只能原封不動地接收，除此之外什麼也不能做。那一瞬間，我們感覺對方有如堅硬的岩石。同樣地，「哲學」也在說話當中，碰觸到那無法述說的事物。以言語表達那無法述說的事物——這時候的「哲學」，無限地接近詩人的工作。

突然想起詩人佐佐木幹郎（1947-）說過的話。我們在東京車站附近一間老舊旅館的酒吧裡，偶然聊起「被拋棄」的話題。那是在一段三角關係中，最終被拋棄的男性的經驗。那時候，詩人吐出這樣一句話：「咬不斷的邏輯。」他說，他不相信人與人之間「咬得斷的邏輯」。他只相信被拋棄的一方（而不是拋棄人的一方）那種怎麼咬也咬不斷的邏輯。「咬斷」，也可換句話說是「分割」吧！日文的「理」唸作「ことわり」；同樣的語音，漢字還可以寫成「言割り」，意思是「言語的分割」，也就是所謂的精密分析。順帶一提，英文的science（科學）這個字，來自拉丁文的動詞seco（分割）。換句話說，科學最重要的工作就是分析。當我們迎頭撞上「理」——分析——的界線，再也無法向前一步的時候，眞正的「思考」才開始。我認爲從這裡也可以看出來，「思考」的語言（而不是其內容）——那些像擰乾抹布一樣、費盡全力擠出來的語言——具有某種觸感、某種重量。

4 哲學的危機

還有一位詩人，已故的谷川雁（1923-1995），曾經就詩的「現在」這樣寫道：

的形容詞。古希臘文的「crinein」，有「分割」的意思。從這個字衍生出許多語言的表現：critical age 表示身體經歷巨大轉變的更年期；critical illness 指的是攸關生死的重病；critical moment 則形容決定勝負的關鍵時刻。過去，哲學一向以提示眞理的規範與標準（criterion）爲傳統課題；現在，哲學開始懷疑這一點，也就等於懷疑自己的可能性。從前哲學將語言、身體、傳統、生活世界等等現象視爲不純粹的因素，排除在其思考對象之外；如今哲學期望這些媒介能提供自己存在的可能性，而重新檢視它們，同時也以批判的態度反思哲學本身的存在。這些都是哲學危機的徵兆。因爲就像我們的胃或語言，只有當它們無法正常發揮功能的時候，我們才會意識到它們的存在。

5 哲學的固執

哲學裡，還殘留著「將世界和幾行文字放在天秤的兩端，搖搖晃晃地取得平衡的可能性」嗎？或者，那其實是哲學必須去除的、最後的固定觀念？當今哲學不斷遭到逼問的，正是這個問題。不論是「反哲學」或是「解構的哲學」，現今的幾種哲學思考潮流，之所以不得不固執於雜耍式的、看起來像語言遊戲的表達方式，也是因爲他們的思考和這個問題激烈地交錯。

長久以來哲學處理的課題，一般稱爲「基礎學」（德文：Grundwissenschaft）。提供所有學問確實性的基礎，是自詡爲「諸學之女王」的哲學派給自己的任務。這個提供基礎的作業，哲學家們稱之爲「奠基」。哲學認爲，所有的知識，最終都必須能回溯到不容夾雜任何懷疑餘地的、絕對確實的命題。如果找到這樣的命題——笛卡兒（René Descartes, 1596-1650）所說的「阿基米德支點」——那麼只需要一根棒子，就能推動地球。而尋找那根源性的、絕對確實的命題，以作爲所有判斷的正當性根據，就是哲學加諸自己的課題。

從那時候開始，有兩個固定觀念始終附身在哲學這個勾當上。其一，是對體系性與「深度」的固執。

植田正治〈選自《小小的傳記》系列〉1974-82年

哲學自命爲諸學問的模範，是一門「深遠的」學問──哲學是深埋地底的礎石，紮實的基礎工程，讓「有憑有據的知識」能夠在其之上，以完美無瑕的邏輯構築體系。因此，哲學的論述中充滿了根據、根柢、地盤、基盤、基礎、基底、根源、始源等等比喻。哲學的翻譯文體之所以予人厚重的印象，這也是原因之一。

另一個揮之不去的固定觀念，就是認爲哲學思考以「反思」作爲方法。所謂的「反思」，就是意識轉過身來面對自己。因此「反思」的英文「reflection」，同時具有反射、倒影的意思。就像「沉思默想」這句話所形容的，哲學思考給人的第一印象，就是目光始終朝著自己，沉潛在自己內部。哲學的主體在自己的內部尋找眞理的根據，以及孕育眞理的普遍性場所。換句話說，除了相互批判的型態之外，在思考的行爲中，來自他者的影響、與他者的關係，都是不被承認的。然而，涉及自我自身的「反思」，眞的可以不透過任何媒介而進行嗎？那難道不是思考的一種不可能的願望嗎？我認爲，我們正被迫面對這個問題。

二十世紀的哲學所強烈質疑的，正是這兩個固定觀念。實際的過程暫且不談，在這裡我們只先確認一件事：透過「反思」的「奠基」，最終將走到不可能之地；哲學本身，已經不得不面對這個問題。而「哲學的危機」，就發生在這裡（關於這一點，我在〈方法的臨界點〉〔收錄於講座．現代思想、第二卷《二十世紀知識社會的構圖》〕以及〈分散的理性──終極奠基之理念的破綻〉〔拙著《現象學的視線》第四章〕兩篇論文中，進行了論述）。但我認爲，這個將自己逼入「危機」的思想工作，事實上正可以看出哲學的眞本領。不作老生常談的解釋，卽使被視爲時代的「毒瘤」，就算被稱爲「病態」，也要以邏輯追根究底，在「危機的時代」中鼓吹夢想。這正是哲學的意志。哲學一向以銳利、甚至是過度愼重的眼光，檢視那些輕率的、虛假的解決方案。由於太過追求體系的整合性，有時候哲學反而只能用箴言、斷簡的形式，來談論世界。

讓我們花點時間，回想一下這個事實：哲學是從「對話」開始的。蘇格拉底這位古希臘的哲學家，經常在街頭巷尾走動，不斷找人對話。他並不主動論述，而是導引他人的話語（logos），幫助他們自己找到眞正的知識（episteme）——他稱這種方法爲「助產術」，將自己比擬爲人接生的媒介者。蘇格拉底不曾留下任何著作，他的言行與思想都是透過柏拉圖《對話篇》中的記載而流傳的。話雖如此，我並不是要說，作爲「書寫」（écriture）的對話法是罕見的。我想說的是，哲學並不是從論文或演講開始的；哲學總是發端在某個人的面前，從我們和某個人的近距離交談中產生。「在某個人的面前」這件事很重要。換句話說，哲學從一開始，就是在他者面前的行爲。

很多人說，哲學失去了力量。這是不是因爲哲學把視線朝向自己，而不再自問：這些哲學思考是在誰的面前，對著什麼人進行的？我們必須把哲學抽離「反思」這個沒有他者存在的場所，重新將它放置在我們與他者的關係中看待。也可以說，哲學家必須更清楚地意識到哲學的**外部**、哲學的**他者**之存在。但這「外部」的意思，並不是指大學的外部、哲學研究者團體的外部等等，這種具體的事物。哲學自始至終都包含「後設」（meta）的面向。不論哲學質疑任何事物，都必須同時以自我指涉的方式，質疑自己的質疑。批判必須永遠包含自我批判。哲學裡的邏輯學、認識論與語言分析，就是這樣的自我檢視。「後設」是什麼樣的地方？這個問題是哲學的中樞神經。如果不先問自己這個問題，就突然走上街頭、走入人群，是可笑的。舉例來說，一九八〇年代發生在德國的「哲學實踐」運動就是如此。順帶一提，「哲學實踐」的原文philosophische Praxis，在德文裡也有「哲學診所」的意思。

這裡所謂的「外部」，指的是「反思」——自己與自己的封閉關係——的外部。換句話說，「外部」是我們與他者交會的現場。順帶一提，說到「外部」，康德的這段著名文字，只要是哲學研究者，無人不知：

> 在我們手持指南針面對現實的一切場合，哪些行爲合乎我們的義務、哪些又是違反義務的行爲，一般的人類理性都可以區分得清楚明白。這種時候，不需要教導一般的人類理性任何新的事物，只要促使理性注意理性本身的原理即可——就像從前蘇格拉底所做的一樣。因此，想知道自己該做什麼才能成爲正直善良、賢明有德之人，完全不需要學問或哲學。……一般的理解力，就可以達到與哲學家完全相同的正確理解。豈只如此——以這一點來說，甚至可以說比哲學家更爲確實。……所

以，關於道德的個別問題，只需要一般的人類理解力即已足夠。在道德的問題上，我們應該限縮哲學的角色，頂多讓它以相較完整易懂的形式整理道德的體系，或是以實用便利的型態陳述道德的規則。我認爲從實踐的角度來看，最好不要讓一般的人類理解力失去他們幸福的質樸，不要誘使他們走上探究哲學、獲得知識的新道路。

（《道德形上學基礎》）

想知道什麼是我們該做的事，學問與哲學都是沒有必要的。康德在其他地方，也曾以別的方式表示過這個想法。舉例來說，他在《純粹理性批判》中要求我們注意「世界概念的哲學」——所謂「世界概念」，指的是「有關所有人都必定會關心的事物之概念」——與「學校概念的哲學」之區別。康德這麼寫道：「哲學——哲學本身，而不是有關哲學的歷史知識——是絕對無法透過學習得來的。理性所能做的，頂多只是學習如何『搞哲學』（德文：philosophieren）而已。」「大學」或「學會」等等這些研究機構，將「哲學的搞法」（philosophieren）制度化，把非研究者擋在哲學門外。換句話說，哲學不再自問：這些哲學是講給什麼人聽的？這是我們必須質疑的問題。如果哲學只是淪爲一種思考的技術，或是有關哲學的歷史學、文獻學知識——海德格稱之爲「哲學『學』」（德文：Philosophie-Wissenschaft）——那麼以後，哲學研究者是否都將成爲阿

上嗎？哲學的文體爲什麼總是如此「僵硬」？爲什麼一定要用文獻學那種吹毛求疵、穿鑿附會的文體來寫作？事實上，那不是日本哲學家特有的問題。加來彰俊（1923-2017）在〈十九世紀的哲學史家〉（收錄於田中美知太郎編《講座・哲學大系》第二卷〈哲學的歷史〉）一文中指出，西歐哲學史本身，就充滿了這種情況。

黑格爾（G. W. F. Hegel, 1770-1831）之後德語圈的哲學史家們，在作爲純粹歷史科學的文獻學方法、與哲學歷史的哲學式解釋之間搖擺不定——其間亦有人提倡問題史觀點的折衷方法——遲遲無法決定哲學史研究的方法。最後，文獻學的方法終於成爲哲學史研究的主流。加來彰俊以埃爾德曼（Johann Eduard Erdmann, 1805-1892）、費舍（Kuno Fischer, 1824-1907）、舒威格勒（Friedrich Karl Albert Schwegler, 1819-1857）、策勒（Eduard Gottlob Zeller, 1814-1908）等人爲例，鉅細靡遺地論述了這個過程。他跟著語帶苦澀地說，文獻學的方法成爲哲學史研究的主流後，造成哲學的分工與專業化，並且帶來一種傾向，讓哲學史的敍述變成「只是依照時代順序與國家別，陳列各種學說的『畫廊』」。最後加來彰俊下了這樣的結語：「如果哲學史要能夠成爲『哲學有用的工具』，成爲『哲學不可欠缺的成分』，那麼哲學史研究，就不能自限於純歷史的研究。」這個問題，仍然懸而未決。

7 「essay」的理念

先前我們也曾提及，阿多諾在「essay」這種書寫的形式——「以非方法作爲方法」的型態——中，看到對「哲學對方法主義的偏執」的批判意識。他說，「essay 不爲自己所使用的概念下定義」，並且在以散文書寫的批評片斷中，發現反方法主義與反體系的要素。在進一步探討他的想法之前，我想再引用一段有關哲學「外部」（本章第四、第五節）的文獻，那就是休謨（David Hume, 1711-1776）直接以〈essay 的撰寫〉爲題的一篇文章（"Of Essay Writing", in: *The Essays Moral, Political and Literary* of David Hume, 1741-42）。

休謨在這篇文章裡，將從事精神工作的人們分爲「有學識的人」與「喜歡交談的人」。他認爲，前者需要的是「閒暇與孤獨」以及「長時間的準備與辛勤勞苦」，後者需要的則是「領略愉快的能力與有品味的知性使用方式」以及「同胞間的社交與會話」。此二者的分離是「當代的巨大缺陷」，對知識的世界與社交的世界，都帶來惡劣的影響。也就是說，社交界不再以歷史、政治、詩或哲學爲話題，自始至終只知道談論八卦，或是一些毫無根據的傳聞。另一方面，學問則自閉在學校或研究室裡，與世間隔絕，哲學家變成遁世或棄世之人。我們必須消除這樣的分離。因此，休謨自願擔任「學問國」派往「對話國」的公使，努力在這兩個國度間建立良好的交流關係。

休謨試圖擔任文人與世人之間的橋梁，而他認爲最好的方法，就是寫作essay。休謨在這裡所說的essay，比較接近今天我們所說的「隨筆」；但是在同時代洛克（John Locke, 1632-1704）的著作《人類理解論》（*Essay concerning Human Understanding*）、柏克萊（George Berkeley, 1685-1753）的《視覺新論》（*Essay towards a New Theory of Vision*）、或是萊布尼茲（Gottfried Wilhelm von Leibniz, 1646-1716）的《人類理智新論》（*Nouveaux essais sur l'entendement humain*）、以及休謨自己的《人類理解論》（*Philosophical Essays concerning Human Understanding*，後來改題爲*An Enquiry concerning Human Understanding*）中，「essay」的意思並不是隨筆，而比較像是正式的小論文。

在西歐的書寫歷史裡，essay指的到底是什麼？這原本就是個問題。英文學者竹友藻風（1891-1954）在大正末年起稿的〈散文與散文家〉（〈エッセイとエッセイスト〉，收錄於《竹友藻風選集》第二卷），據說是日本第一篇正式探討這個問題的文章。在英文學史的脈絡中，essay泛指偶感、隨想、隨筆、小品，一直到批評、試論等等，具有非常廣泛的意義。它的身分如何界定？竹友藻風引用許多實例與研究文獻，詳細地論述這個問題。

此外，近年的研究則有貝朗傑（Yvonne Bellenger）於一九八七年出版的《蒙田：一場精神的慶典》（*Montaigne: Une fête pour l'esprit*）。貝朗傑回溯並檢證essay這個字的字源，認爲蒙田（Michel Eyguem de Montaigne, 1533-1592）著作的標題essais源自低俗拉丁語的exagium（計量）這個字。以這個意義來說，essais和exercitation（實驗）、expérience（經驗）幾乎是同樣的意思。essais是嘗試、試煉；嚐毒、試探也是essais。蒙田的時代有不少作者以類似的方式爲自己的書命名，比如「論爭」（disputations）、「格言」（sentenses）、「金言」（mots dorés）、「對談錄」（entretiens）、「彙編」（mélanges）、「雜錄」（variété）、「雜編」（diversité）等等。貝朗傑說，蒙田喜歡essais（嘗試）這個字，用它來表示自己的「知性工作的方法、生活型態、以及自我實驗」。

作爲「嘗試」的essay——這種寫作的形式曾經是思考的一種型態；而現在，人們企求它的回歸。接下來我將指出它正面的意義。事實上我認爲，如果沒有這種作爲「嘗試」的essay，哲學將眞的失去它的「力量」。

不消說，essay是一種方法意識稀薄的寫作形式；在文學史中，是經常受到蔑視的文類（genre）。因此卽使是阿多諾，也從這樣的評語開始他的essay論：essay是「評價很低的、雜種的產物，缺乏具有說服力的形式傳統。除了極少數的例子，無法滿足形式的嚴謹要求」。但同時，essay具有另一種意義，那就是開拓未知的思考視野的「嘗試」。以這個意義來說，上述的那些哲學著作自成另一個系譜。雖然它們的立場不盡然都是反方法主義的，但也僅僅是認同訂立研究規則具有重要的意義，並非以墨守既成規則爲第一要義。正因爲如此，這些作者以「嘗試」爲自己的著作命名。

植田正治〈爸爸、媽媽與孩子們〉1949年

以散文書寫的批評片斷——這個意義下的essay，從蒙田、帕斯卡（Blaise Pascal, 1623-1662），經過萊奧帕爾迪（Giacomo Leopardi, 1798-1837）、艾默生（Ralph Waldo Emerson, 1803-1882），一直到尼采、齊美爾（Georg Zimmel, 1858-1918）、班雅明（Walter Benjamin, 1892-1940），串連成一條線。那是刻意堅持片斷式思考形式的批判性思考運動。一路以來，這最後的嘗試作爲反體系與反方法主義的非方法之方法，以細膩的觸感，忠實呈現事物細部的皺摺與肌理。又或者如淺井健二郎所說的，「面對學問（科學）總是追求『普遍性體系』的頑固欲望，這種嘗試不斷避開其

誘惑，並且嘲笑它。這樣的嘗試感應各種細節——促使我們發現對象本質的細節，促使我們發現其中孕育的、更深刻的問題的關聯之細節——並且以一個、一個的字句，刻畫對象世界的樣貌，刻畫它的各種面向」（《班雅明選集2／Essay的思想》『ベンヤミン・コレクション2／エッセイの思想』解說）。含括各種隨筆、試論、一直到批評片斷的essay思想，不正是當今哲學必須重新取回的視線與呼吸嗎？接下來我將在班雅明的哲學小論〈作爲形式的essay〉（1958）中，探詢這個問題。

8 非方法的方法

阿多諾essay論的核心，清楚明白地，就是對方法主義的批判。

關於學問的手續、以及「以哲學爲學問奠立基礎」的方法之間的關係，作爲理念的essay將透過對體系的批判，爲我們引出徹底的結論。經驗主義重視無法人爲整合、無法事先預測的經驗，更勝於概念所形成的秩序。但只要它還認爲「認識」或多或少有一定的條件，只要它還在不可分割的關聯中開展「認識」，那麼即使是經驗主義的理論，也同樣是體系化的。自從培根（Francis Bacon, 1561-1626）以來——儘管他自己是個essayist（essay作家）——經驗論一直是種「方法」，不亞於理性主義。在思考的歷史中，幾乎只有essay將「對方法無條件的正當性之懷疑」付諸實行。暗地裡，essay反覆思量非同一性的意識。以不標榜激進主義（radicalism）這一點來說，它是激進的。對於將現象還原爲原理這件事，它極度慎重；相對於全體，它強調部分；在片斷式的事物中，它是激進的。

（《文學筆記》）

我們可以從這裡清楚地看出，阿多諾的反方法主義，是驅使他意圖復興essay的動機。他懷疑將一切還原至單一中心、普遍原理的學問理念。相對於方法的整合性與體系的建構性，他強調片斷式思考的力量。「專門追求永恆價值的眞正哲學，砍它撞它也紋風不動、滴水不漏的組織化學問，無概念、純直觀的藝術」，都同樣具有「追求純正血統的排他傾向」。阿多諾的反方法主義思想，在這樣的傾向中尋找「壓抑性秩序的痕跡」。essay的思考使用的是別的東西。essay總是擺脫不了人們對它的「貶抑」——片片斷斷，走到哪算哪，想到什麼說什麼——這樣的非難「把全體性視爲理所當然，假定主觀與客觀的一致是不證自明的道理，彷彿『全體』是擺在自家櫃子裡的東西，隨時想拿出來都可以」。人類試圖在自己身上蓋起審判一切意義、一切價值的法庭。這樣的傲慢（希臘文：hybris），正是Essay要對抗的目標。

「essay以非方法作爲方法」——這是阿多諾的宣言。essay若無其事地談起某個話題，但「並不試圖道盡一切，而是停止在高潮的時候」，保持冷靜與品味。essay並不從源頭建立自己的權威，也不朝向終點關閉論述的空間。essay對妄自尊大的念頭十分敏感，不企圖用單一的理念圈起所有事情，也沒打算看透一切。因此，比起論證主義「像官僚一樣拘泥於自己所使用的概念之定義」的思考方式，或是「小家子氣地想要網羅一切的方法」，essay的腳步遠遠更充滿緊張感；與其說是前進，還不如說是來回兜圈子。「在精神經驗的過程中，比起固執於定義的做法，essay更能促進概念間的交互作用。……思索並不是一意地向前邁進，而是像地毯一樣，交織著各種要素。思考的成果是否豐碩，端賴於這交織的密度。」。

阿多諾還補充一點。爲了思考，essay運用各式各樣概念；而最接近這種方式的，說不定是流落異鄉、不得不學習異國語言的人的態度。沒有字典可以查，他只能左右觀察，死命地揣測話語的意思。而在「每次都不同的情境下，遇到同一個單字三十次之後，比起查閱字典上所羅列的解釋，他更能理解這個單字的意義」。「先搭鷹架再蓋房子」不是essay的做法。

阿多諾甚至用充滿諷刺的語氣，打了這樣的比方：

學生們積極地思索那些難以理解、超過他們程度的東西。這些東西明明能誘發我們的思考，世上的大人們卻用手指指著我們、威脅我們，警告我們在碰觸那些複雜的東西之前，必須先徹底搞懂那些單純的事物。比起大人們狹隘的見解，學生們的天眞更具有智慧。大人們那種把認識延後的做法，只能妨礙我們的認識而已。把簡易當作規則，和眞理綁在一起，視爲作用上的關聯——essay不同意這樣的看法。從第一步開始，essay就忠實地思考事情原本的多層性，因此得以矯正尋常理性無可救藥的幼稚。

（《文學筆記》）

以這一段文字爲首，阿多諾不斷拋出各種批判的言詞，在在都是對方法主義與體系導向精神的挑釁。

他特別強調的是essay與對象、事件之間，相互齟齬、漏洞百出的接觸。阿多諾這麼說：「思考之所以破碎，是因爲現實本身就是破碎的。essay不修補破洞，而是藉由穿越這些破洞，找到自己的統一。」若是如此，那麼語言的肌理、文體、敘述風格，就不再是次要的問題。比起那些「對於對象化內容的敘述漠不關心、將方法與事情分離的做法」，essay「更重視敘述」。

「對於敘述與事情不必然一致的意識，無可避免地將敘述推向極度的緊繃。」盧卡奇（Lukács György, 1885-1971）認爲幽默與嘲諷式的謹慎，是essayist（essay作家）敘述的特徵。他在〈關於essay的本質與形式——給雷歐．波帕的信〉裡面，對於敘述與被敘述的事情、兩者之間齟齬而緊張的接觸狀態，抒發了充滿感性的感想：「所有的essay看起來，都彷彿竭盡可能地遠離生命。但事實上這樣的隔離，反而更讓我們痛切地感受到兩者的眞實本質之相近。」

essay並不試圖立足於永恆的場所，而是在「時間的核心」（德文：Zeitkern）中伸展其思考的觸手。essay將構成某個事件的各個要素，收束在其特有的文體內，絕不忽視任何偶然浮出的風情或表情。然而——我們已經說過很多次——在當前的言論空間中，這種相貌論的（physiognomical）思考方式，只能獲得極爲貧瘠的處所。

在今日，essay被視爲落伍的東西。essay所面對的，是過去從未有過的不利條件。組織化的學問稱essay「具有刺激性」、「充滿直覺」，用這些表面的褒詞，將essay逐出一般共識的框架。在學問的領域裡，所有人都以爲他可以任意、任性地支配森羅萬象。哲學的領域則因爲還沒有被名爲「學問」的企業體占領，反而成爲第二種營業項目，在空洞而抽象的殘渣中自我陶醉。就在這學問與哲學的雙面包抄夾擊下，essay逐漸失去其存在的空間。然而essay和上述的學問或哲學不同；essay能涉入對象的盲點。雖然也使用概念，但essay能剖開那些一般概念無法捕捉的事物。透過揭發概念自身的矛盾，essay曝露出概念那乍看像網子般無所不包的客觀性，其實只不過是主觀的勾當而已。

（《文學筆記》）

阿多諾要說的是，essay正因爲處於這麼不利的位置，所以具有它獨特的批判力。我突然想起這麼一句話：「輕視哲學的，才是眞正的哲學家。」（To make light of philosophy is to be a true philosopher.）帕斯卡這句話裡，也充滿了essayist（essay作家）的風發意氣。哲學在這些批判的言詞中，成了反派的角色；而正是這樣的哲學，我們希望它具有柔韌、細膩、濃密的批判力。換句話說，我們不要哲學再沉溺於「絕對知識與普遍正當性」是否可能、「體系化奠基之關聯性統一」是否可能，這樣的二者擇一之中。我們希望哲學在「可能與否」這種對立二元的中間領域裡，細膩地感受、反映構成世界的各種面向的肌理，撥開事象的皺摺，深入思考。我們要的是這樣的哲學手法。風格就是思想。所謂學習某種思想，首先就是感應、接受該思想看待世界、接觸世界的風格，直到除了「那種看法」之外，別無他想爲止。在這個意義下，我強烈地認爲，我們絕不可蔑視哲學的敘述方式與哲學的文體。

還有一點：比起敘述或主張，我們更應該把注意力放在「聆聽」。

我想要「嘗試」把哲學放在社會的床邊——「臨床」——尋找哲學在這個時代、這個社會的可能性。過去，哲學拚命地「說話」——探詢世界的道理，分割、分析語言。透過「臨床」的哲學，我們或許可以模糊地看到，以「聆聽」爲己任的哲學會是什麼一個樣子。在哲學的「臨床」中，說不定也能重新找到「將這個世界和幾行文字放在天秤的兩端，搖搖晃晃地取得平衡的可能性」。關於這一點，我們將在以下的章節中，慢慢地思考。

譯註一——指古希臘哲學家蘇格拉底。「助產術」亦譯作「接生法」。

譯註二——「邏各斯」音譯自古希臘語，是西方哲學與基督教神學的重要概念。在古希臘的一般用語中，它的原意是「話語」的意思；在西方哲學中，則表示支配萬事萬物的原理。在基督教神學中，它代表天主的聖言或旨意，因此是萬物規律性的源頭，也被當作耶穌基督的代名詞。新教所使用的《新約聖經》一般將之譯為「道」，天主教則譯為「聖言」或「話」。

譯註三——「言語」譯自法文的「Parole」，是瑞士語言學家索緒爾（Ferdinand de Saussure, 1857-1913）所創造的語言學術語，是一個與「語言」（Langue）相對立的概念。「言語」是人說話這個行為中，受到個人意志支配的部分，具有個人用詞、發音、表達習慣等特點。「語言」則是該行為的社會性部分，為社會成員所共有，不受個人意志支配。

日文通常將「Parole」譯為「發話」，或許比較容易理解。

譯註四——作者的意思應該是，「哲學」這個翻譯名詞出現在日文裡，不過百餘年的歷史。在中文裡更短。

第二章

「在誰的面前」——這是個問題

1 哲學的場所

什麼是臨床哲學?臨床的概念對哲學來說,具有什麼意義?先從這些問題開始談起,的確是個動人的誘惑。但我決定不從定義開始探討「臨床哲學」。對於哲學來說,定義應該是最後才出現的東西。定義就像單純、簡潔的道德綱目(譯按:如忠、孝、節、義之類),是人經過尋尋覓覓、最後才終於找到的東西。比如阿蘭(Alain, 1868-1951。本名Emile-Auguste Chartier, Alain是筆名),在他教師生涯的最後幾年,才寫下兩百六十四個字的《定義集》;西田幾多郎(1870-1954)在〈某教授的退職感言〉中寫道:「回頭想想,我的生涯其實是極爲簡單的東西。」視野是有待開拓的東西,並非本來就是開闊的,更不應該一開始就自我設限。如果眞的像森有正(1911-1976)所說:「定義我的是經驗。」那麼定義應該是隨著經驗而生、隨著經驗日益深化的東西吧!臨床哲學的樣貌,也必定會隨著哲學的臨床,而逐漸浮現。

我透過「臨床」這件事,思考哲學的「場所」。哲學生成的場所,哲學發揮作用的場所。

人們常常說,哲學是睿智。那是因爲,哲學是某個人在他生存的時代、生活的場所中,綜合各種要素編織而成的。在歷史限制下的場所裡,苦心思索時代加諸我們的問題，結果反而使我們獲得超越時代與場所的普遍視野。以這一點來說，哲學思考是弔詭的。哲學是某個人在某個場所，面對其時代所進行的強韌的思考，其路徑與痕跡。因此大致上，哲學總是附隨著特定的名稱，比方奧古斯都的思想、康德哲學、西田哲學等等。哲學不是知識，而是探詢知識的根據與意義；哲學不是科學，而是追究科學的可能性與極限。正因爲如此，從事知識工作的人（科學家）不能沒有哲學思考。大學不但不應該縮減哲學的課程，反而應該讓校園充斥著哲學家。換個方式說，讓哲學研究者獨占哲學，對學問來說是一件不幸的事。

不過——這話聽起來有點矛盾——我所說的哲學的場所，和校園內外沒有關係。所謂哲學，借用古希臘哲學家的話來說，是如何「活得好」的智慧，與科學屬於不同的次元。所以我們會說「那個人有他的哲學」，有時候也會用比喻的方式說「這個國家的政策有它的哲學」；當然，關於企業或都市也可以這麼說。在這種意義下，可以說哲學是一種想法或方針，指引人走向「活得更好」的道路。

對這樣的哲學來說，「場所」是什麼？我在嘗試思考臨床哲學時，首先要探討的就是「場所」。因爲所謂「臨床」，可以說就是人們「受苦的場所」；而「我」這個擁有名字的特定個人，參與或介入另一個特定人物的生命或事件——哲學思考在這件事情上，能帶來什麼特別的意義？如果不能說明這一點，那麼我們不需要臨床哲學，只要有臨床的行爲就好。如果是這樣，那麼我們不需要以哲學家的身分，只要以家人、友人、甚至一介市民的身分，在現場與當事人共同面對或見證事件的發生，就已足夠。我們必須確定，哲學家（而且對當事人來說，必須是具有特定面貌的個人）的在場是必要的，至少也要是「有比沒有好」的。以某個意義來說，這是同時追求相互矛盾的事物。如果不能確定這件事，臨床哲學將失去其意義。

對精神醫學或臨床心理學來說，「臨床」的場面具有決定性的意義。根據木村敏（1931-2021）的定義，「精神醫學是治療患者內心痛苦的學問。」臨床哲學雖然也站在人們「受苦的場所」，但並不試圖成爲治療的學問。對臨床哲學來說，眼前正在「受苦」的這個人，是否爲需要「治療」的「患者」？甚至連這件事也不是不證自明的。臨床哲學要做的是與受苦的人對話，和他一起思考。

如果目的不是治療，臨床哲學如何涉入他人所受的痛苦？木村敏認爲，如果不包含臨床哲學的要素，精神病理學無法成立。他在其著作《偶然性的精神病理》中，說明了精神科醫師需要臨床哲學思考的理由。那是因爲「吾人思索的主題『患者的心』，只有在治療的關係中、只有透過治療的行爲，才看得見」。爲了觀看（日文：見る）患者內心的動向——這裡的「見る」（觀看）和「看る」（照顧）幾乎是同一個意思——精神科醫師必須進入自己與患者的個人關係之中。木村這麼說：「只有透過治療的關係，才看得到患者內心的病理。」在治療的關係中，必須細膩地觀察患者的言語表達，並且做出某些回應。木村認爲在思考、分析患者的言語表達時，有一件事非常重要。那就是「不

能把患者的言語表達當作單獨的問題，而必須將它放入其他各種表現中，特別是患者整體的生存方式與行動模式中思考。我們必須將患者的『話語』，視為患者整體的集中表現來理解」。木村接著說：「無須贅言，這樣的理解只有在長期的治療關係中，經由個人間的對話、言語的交換才能達成。……患者的整體，寄居在所有個別的行為、個別的言語表達之上。……為了掌握整體，我們需要累積、綜合大量有關個別行為與言語表達的經驗。」

臨床哲學不是以治療為目的，除開這一點，如果我們參考精神科醫師的這番話，描繪出臨床哲學該有的內容，那麼我們可以說，它的

植田正治〈選自《砂丘上的時尚》系列〉1983-93年

任務並不是將「痛苦」解體——無須贅言，在精神治療中，問題也不單是「痛苦」的緩和、消除——而是和受苦的人一起扛起問題，和他一起分析、理解、思考。透過這樣的作業，從問題的內側克服問題，找到克服問題的力量。我們在上一章曾引用臨終照護專家的意見，如果患者說：「我是不是已經快不行了？」，照護者不應該回答他「這種事不需要擔心喔！」或是「爲什麼會這樣想？」比較好的回應是：「是喔……你覺得自己快不行了啊……」受苦者聽到類似「……是這樣啊！」的回應，會感覺有人確實聽到、並接受自己所說的話。對他來說，這樣的經驗將成爲很大的助力。我們是否能眞心相信這種「聆聽的力量」，以它作爲臨床哲學的核心？

如果這樣想的話，那所謂哲學的「場所」，就不應該是我們進行內面反省的地方（哲學史經常稱之爲「主觀性」）。哲學不應該是退入自己的內部，播放並觀看自己的意識或思考——這種行爲，經常被稱爲「反省」（reflection）——正好相反，我們不能允許自己敗退、撤退到這樣的內部。主體必須和他者一起，處在相同的時間與空間；即使那只是一時的關係也不離不棄，持續在現場思考。所謂哲學的「場所」，不正應該是這樣的地方嗎？

也許我的說法太過迂迴了。簡單來說，哲學的場所應該是複數的主體進行共時的相互接觸的場所；人們經常稱它爲「現場」。所謂「共時的」，翻譯自synchronic這個字，有同時、同期、同調的意思。換句話說，就是在同一時間內相互交流活動的狀態。敏科夫斯基（Eugéne Minkowski, 1885-1973）稱呼主體間的這種相互作用爲「被直觀體驗過的共時性」（法文：synchronisme vécu）。爲什麼不說同樣的場所就好，卻要說「共時的」場所？因爲有時候人們只是偶然處在同樣的地方，卻沒有發生任何關係（比方在擠滿了人的捷運車廂裡），人們各自想著不同的事。這種情況下，每個人以各自不同的節奏、步調呼吸，他們的時間並不會搓合成一體。

與他者的時間搓合爲一體，和他者一起經驗共同的時間，在這樣的共時關係中，以哲學思考和他者「一起經歷苦難」（sym-pathy）。臨床哲學的嘗試，就從這裡開始。不過，這裡面包含兩個重大的意義要素。第一，從事哲學思考的人在這裡不是匿名的，而是以「某某」特定人物的身分站在他者面前。第二，在「對話」——也就是與他者分享言語、交換意見——的型態下，哲學思考將更爲深刻。關於這兩點，我們需要某種程度更進一步的思考。

2 目光的交會

我們說，哲學的「現場」就是與生存在同時代的他者之間發生關係的場合。從時間的觀點來看，那是共時性（synchronism）的世界。我的「現在」與他者的「現在」搓合成同一個「現在」，雙方都無法退回自己內部的時間裡；而被推向這樣的場合，是一種極度緊張的狀態。我們直接面對他者的時候，強烈意識到的就是這樣的狀況。過去我曾在一篇談論「臉孔」的文章中（《被看見的權利》（『見られることの権利』）提出一個問題：我們眞的能看到「臉孔」這種東西嗎？接下來我要說的話，會有一部分是重複的。不過，我仍然想要簡單地探討一下，我們在面對他者、目光交會時，所發生的共時性的現象。

我可以從側面，靜靜地觀看他人「看著某個事物」的身影。但是，當那個人的臉頰感覺到我的視線、把眼光轉到我這裡來的時候，我慌慌張張地垂下眼皮、望向遠方、或者讓視線漂浮在虛空之中。不久我又忍不住好奇，把視線移回他身上，導致兩人眼神對在一起時，我的視線不由自主地縮了起來，不再有辦法像觀看某個對象一樣，看著對方的眼睛或臉孔。雖然我們常常很輕鬆地說觀看他人（的臉孔），但事實上，把他人當作某種對象來觀看的情境——就像從鑰匙孔窺視、醫師看診、畫家注視著模特兒——是極爲罕見的例外。有一段文字，描寫了這種情境下的呼吸。

我能夠覺得某個人的眼神很美，注意到他眼睛的表情，只有在他沒有看著我的時候。當我把目光對著他，他的視線卻沒有朝向我的時候，我才能在某個距離外感知到他的眼神。然而當他把視線朝向我的那一瞬間，他的視線就遮住了他的眼睛。他的眼睛和我的眼睛之間的距離消失，眞的就如字面上的意思——兩道目光交會了。在那一刻，我無法感知到他的眼神。只是確確實實地，意識到他的視線而已。

（多田智満子《有關鏡子的觀想》『鏡のテオーリア』）

我不禁想起目光「交會」時，那種觸電般的感覺。目光交會的時候，我們的眼睛會不由自主地被對方吸引過去，一方面卻又努力地想要推開對方；向心運動與離心運動同時發生。我們被這強力的磁場吞噬，已經無法像觀看對象那樣地，把視線朝向對方。這時候兩個原本異質的時間被迫同步（synchronize），就好像被同一張捕蠅紙黏住一樣，沒有退路。

對嬰幼兒來說，世界原本只是一些物品的聚集，具有上下、前後、遠近的具體樣貌。從這樣的世界開始進行分割、歸類的時候——也就是我們開始學習「觀看」的時候——上述這種共時化（synchronizing）的現象，就已經發揮作用。幼兒在建立對自己與世界的理解時，這種潛在的意向性經由他者（這時候是身邊的成人）放大，再回送到幼兒身上。這種接收的經驗，具有決定性的意義。發展心理學家下條信輔（1955-），從這個觀點進行分析。

下條信輔說，母親在嬰兒面前表現出來的態度，可以清楚看到下列的特徵：「嘴巴大開大闔，不斷點頭、張大眼睛，以誇張的身體動作對嬰兒說話（空間上的誇張）」、「說的話與表情都像慢動作的電影一樣，拉長了時間（時間上的誇張）」、「笑、驚訝、皺眉（情緒上的誇張）」。母親的這些反應，和嬰兒內在對「世界」的摸索共時化，並且將它放大；透過這樣的方式，幫助嬰兒對經驗與行動進行分割、歸類。對嬰兒來說，「世界」與「自己」的關係，就在這種與他者（特別是母親）的共振關係中逐漸成長。在這個意義下，他者的存在，爲嬰兒扮演了最重要的「鏡子」的角色。

把對方視爲和自己一樣都是「有反應的（responsive）存在」，這樣的認定更進一步觸發相互的反應（response）。在這種人際關係的鏡像性之中，隱藏著開啓「『心』

的產生」的鑰匙。如果掌握這把鑰匙的父母不只是「應答的機器」而是「聰明的機器」，那麼嬰兒無法成功「應答」也是理所當然的。……發現鏡子（譯按：指眞正的鏡子）裡那個「看起來像人的東西」缺乏前述那種鏡像式的反應性（responsiveness），引導嬰幼兒發現「自己的鏡中倒影」眞正的意義……。因爲被當成「有『心』的人」——而且也只有在這種情況下——「心」得以產生並成長。

（下條信輔《眼神的誕生》『まなざしの誕生』）

下條信輔提出了非常有趣的論點：自己與他者相互凝視、觸摸、對話的經驗，不但比純粹對象事物的經驗與自我意識更早發生，同時也是後者發生的條件。這種與他者的存在深度交叉、交織的事件，提供嬰幼兒重要的基礎經驗，以及無可替代的意義。那是比將事物單純視爲對象來觀看更深刻的、通往世界的感覺通路，像穩固巨岩般的、現實世界中的這個世界。關於這件事稍後我還會詳細論述，目前就讓我們先關注這種經驗的共時性就好。

目光交會的時候，不論是否願意，自己與他人的視線都被吸入同一個磁場之中，相互同步。雙方都被連結、拘留在同一個共通的「現在」，無法任意離去。與他者目光交會的時候，之所以伴隨著視線痙攣、凍結的感覺，是因爲他者的視線使我們無法閉鎖在自己意識的內部。與他者目光交會的時候，我們無法躲在從現在流向過去的、持續的內在時間經驗中，自我的存在被強行拖出，推向看不見未來的「共同的現在」，被迫在「現在」這個場所中，毫無遮掩地暴露自己。我的話語、以及我的表情——那應該是屬於我的東西，卻不聽我使喚——誘發他者說出意想不到的話語、流露出他自己也不知道的表情。而不管是我的態度是接受還是反抗，我對他者的反應一一做出反應。就像這樣，我和他者一起被羈押在同一個現在；在那「共同的現在」裡，相互交叉、同步彼此的存在。而具有「共同的現在」這種時間性格的、關係的場所，就是哲學「臨床」的場所。首先，讓我們確認這一點。

3 聲音的傳達

即便如此，這仍然是不可思議的現象。舉例來說，我們怎麼知道彼此目光交會？如果說是眼神對上了，那也不過是我的眼前有兩顆黑色的珠子而已。「那兩顆黑珠子正看著我」這樣的感覺，究竟從何而來？這一點光是從視覺的層面，是無法說明的。只有在感受到某種像皮膚表面神經受到刺激的感觸，或是察覺到某種徵兆、並且把注意力朝向它的感應——換句話說，在敏科夫斯基所云「與現實的真實接觸」中，我們才能感受到望向自己的視線的真實感。

我們說「視線」或「光線」時所用的「線」，說「視網膜」時所用的「膜」，還有「心

「聆聽」的行爲，也可說是同樣困難。聆聽不見得必須接受對方所有的話語，把它們通通積壓在自己心裡。有時候如果聽得太認眞仔細，對每一句話做出反應，反而會造成自己過大的壓力。有一次在某個研討會上，聽到一位精神科醫師這麼說——就算是接受別人的話語，也需要經常保持釋放過度壓力的出口，就像電器需要接地線一樣。要是一字不漏地聽進每一句話，自己會受不了。而且有時候，如果我們硬是把對方的話接收下來，可能會反彈回去，反而帶給對方不好的影響。

「左耳進，右耳出」這種我們常說的行爲裡，有一種獨特的「呼吸」，可以讓我們了解「聆聽」與「完全接受他人的話語」之間微妙的差異。我們可以想想「適當的間距」這個說法。他人的話語如果進不到我們耳裡，對話無法開始；但如果一字一句聽得太清楚，卻會感到痛苦。我在本章的第二節中說到，「臨床」是以特定「某人」的身分面對面的場所；「臨床」必須具有「共同的現在」這種時間性格，將自己與他人連結其中。但是在這裡，我還要補充一點：「臨床」需要「適當的間隔」這個要素。那是自他關係中的緩衝地帶、自己與他者的距離感，同時也是時間的緩急，甚至是空白。

關於臨床哲學，我們探討了哲學的「場所」，以及從事哲學思考的人以特定「某人」的身分面對他者的問題。那麼，思考在「對話」中會更爲深刻這件事實，又該如何理解？接下來就讓我們進入這第二個問題。

第三章

邂逅

一直增加……寺山這樣寫道：

> 他們一個接一個，更換說話的對象。他們不停追求更有深度的溝通，卻不斷失望。於是他們同時失去沉默與饒舌，變成說話的機器，分不清「說話」與「活著」的區別，就這樣逐漸老去。
>
> （《東京零年》）

越是說話越感到空虛，爲了壓抑空虛的感覺而繼續說話，這就是人生——雖然我無意如此主張，但人們什麼時候能確信，言語眞的如其所是，而不是空話？

有些人會因爲意思無法傳達而感到焦慮，嗓門就大了起來。但他越是大聲說話就越感到焦慮，焦慮並不會因此消失。相反地，有時候在深深的沉默裡，反而比把話說盡，更能心靈相通。

英國精神科醫師連恩（Ronald David Laing, 1927-1989）在《自我與他人》（*Self and Others*）一書中，敘述了這樣一件事：

> 有一位護理師，照顧一名有緊張性抑鬱障礙的思覺失調症患者。初次見面的時候，護理師遞給患者一杯茶。這位慢性精神病患者一邊喝茶，一邊說：「有人請我

喝茶，這是生平第一次。」

不管是誰，遞給別人一杯茶，是日常生活中常有的事。即使是這名患者，也不太可能從來沒有人爲他泡茶吧！那麼，爲什麼他會覺得這是「生平第一次」？

連恩這樣解釋。某人爲我泡茶，說不定是爲了博得我的好感。說不定是希望我成爲盟友。也說不定先對我獻殷勤，稍後有圖與我。或者，也可能想要炫耀他的茶杯或茶壺。或者、或者……。但這位護理師爲患者泡茶，並不是有人叫她這樣做，也不是爲了推銷什麼東西，當然更不是要炫耀她的茶具。她完全沒有「爲了誰」或「爲了什麼」的想法，就只是爲患者奉上一杯茶，不多也不少。而對患者來說，這樣的經驗是過去從未有過的。

沒有言語，就只是奉茶：這樣的行爲，爲什麼能帶來如此充實滿足的感覺？那和「話停不下來」、「說不出話來」，那種我們每天在與人對話中感受到的尷尬，是正好相反的時間感覺。

話語的「不在」，使我們意識僵硬。誰也接不上話時的「空白」，令人不舒服。如何讓沉默與話語和平共處？如何讓沉默補強話語，令話語使沉默更加厚實？

植田正治〈選自《童暦》系列〉1955-70年

2 無法取得間距

日本人常常用「呼吸があう／あわない」（呼吸相合／不合）來形容自己與他人的關係。當人在對話中與對方「呼吸不合」的時候，就會對一字一句過度敏感。想要確實理解對方的話語，拘泥於字詞的意義。儘管話語只不過是其表達內容的一個面向、一個間歇性的凝聚點，但是聽者卻把注意力集中在說出來的話語，用放大鏡檢視每一個字。對方說的話和我的應答，同時變得搖搖欲墜、步履蹣跚，甚至倒地不起。如此不安定的話語就像一條連續的線，只有單一的意義，沿著邏輯一路前行。這種聽人說話的方式，使我們偏離對方眞正想表達的意思。於是，雙方的「呼吸」越來越「不合」。而一旦「呼吸」變得扞格齟齬，想要修復是極爲困難的。

交談中的呼吸，是時間性的東西。時間意義下的「間距」，占有什麼樣的「體積」？帶來什麼樣的緩衝空間[譯註一]或空隙？精神科醫師木村敏（1931-2-21）從「timing」的角度，探討了這個問題。

「他與父親的關係不好。每次和父親發生衝突，他的狀況就會變糟。……他抓不準 timing。父親攪亂他的 timing。他在 timing 上敗給了父親。只要露出一點空隙，就被趁虛而入。與人交談時也是，耐不住一絲空白的時間，話總是說得太早，破壞全體的氣氛。一直都像在鳴槍前就衝出去的賽跑選手，抓不到節奏。自己無法控制。因爲無法忍受空白的時間，行動無法順暢。在家的時候，不知道是跟父母說話好，還是不要說話好。想說話的時候會突然制止自己。不久話題改變，timing就已經錯過了。」

「因爲留不住話，所以像加速度一樣越說越快。稍微等一下就覺得痛苦。與其說是急躁，更像是因爲不安。想法都還沒成形就說出口。好像犯規起跑一樣。因爲無法掌握全體的狀況，瞬間就衝出去了。」

《偶然性的精神病理》

這些文字，引用自木村和一名他長期治療的患者之間的面談紀錄。木村在這裡探討「timing」的問題。「timing」是把time（時間）動詞化而形成的字，有「抓準時機進行、合乎時宜、配合步調」等等意思，但原來在英文裡並不是個固定精確的概念。不過在日文裡，它是個具有重要意義的外來語，經常在日常生活中使用。讓我們來看看這個奇妙的現象。

「耐不住空白的時間」、「好像犯規起跑的感覺」……木村認爲這些語句，捕捉到「time」在現實中化爲「timing」的瞬間，那種微妙變化特有的感覺。那不是可以對象化的、客觀的時間，而是作爲「事情」的時間，作爲「現實」的事件而對我們發生影響的時間。「timing」這個字正表達出這樣的時間。木村這樣說：「timing的時間，始終只有在互爲主體的相互行爲的情境中，才會發生。對於從某個距離之外、認識靜止對象的主體來說，不會有timing的問題」。換句話說，他認爲timing是「互爲主體的介面現象」；所謂的主體，只有在那樣的場所、那樣的時候才能成立。只有活在具有可伸縮彈性（也就是緩衝空間）的「間距」中，我才能保持是「我」。順帶一提的，德語稱呼這種像齒輪間隙一樣的緩衝空間爲「spielraum」，也和日文的「あそび」一樣，具有「遊戲、遊玩」的意思。

木村的這番論述中特別有趣的一點，就是「在與靜止對象的關係中，不會有timing的問題」。木村重視的是兩個動作者之間的關係。在這樣的關係中，雙方「就像玩空中鞦韆的特技員，捕捉那一瞬之『間』，並即時回應對方」。木村稱之爲timing的，正是這種臨機應變的互動。而動作者之間的互動，是一種無法預先設定的關係，也無法預料前行的方向。對話從這裡開始，就像沒有航海圖的出航一樣。

話說回來，我們如何意識到timing的一致或偏差？關於這一點，想用言語說明清楚是非常困難的。以藝術或工匠的技術來打個比方：不論舞蹈、音樂或書畫，或是建築、園藝，都是需要耗費大量的時間、「用身體習得」的技藝；想要用言語替換這種學習的機制，幾乎是不可能的。因爲這種技藝的完成，擺脫不了「誰、何時、何處」等等偶然

受到與自己不同的他人，確實存在眼前。透過深思自己與他者的差異，我們更認識「自己」這個存在的輪廓。而我們從與「他者」接觸的經驗中必須感受到的，與其說是意見的差異，還不如說是存在著情感的差異，或者說是感受性與思考所造成的、細微卻深刻的差異。

抓不準 timing，無法取得適當間距的時候，人就想要說話來塡補自己和他人之間的空隙。話說得又急又快，想要用不斷撒出去的話語把自己遮掩起來。原本與他者的接觸應該是一種支持我們的力量，但如此一來，卻成了侵犯自己的暴力。

讓我們想像一個塞滿木屑的盒子，在中間整齊地排著雞蛋。木屑之間有空氣，木屑本身也有彈性，一個一個原本易碎的雞蛋，被滿滿的彈性包覆起來。如果說「間距」就是像這木屑一樣的東西，那麼沒有「間距」，就會像沒有任何緩衝避震的蛋盒。一旦盒子搖晃，又硬又脆的蛋殼就會互相撞擊推擠，不久就產生裂縫。

雖然是這麼說，自他之間爲什麼需要「間距」？爲什麼需要某種程度的伸縮性，需要像避震器那樣的緩衝帶？因爲在沒有任何緩衝間距的地方，無法輕微地搖動。如果所有的要素都像用螺絲釘鎖住一樣，緊密地連在一起，只要受到一點點壓力，整體的骨架就會產生裂縫或歪曲。容許搖動的空隙——不是剛性，而是柔性——可以讓人的存在具有韌性，不會因爲些許的外力就折斷。這個用建築物的比喻能讓我們理解，如果自他之間所有的話語、所有的舉止——作爲一種符號——都緊密地咬合在一起，我的心思若出現細微的動搖或猶豫（有時候自己也沒有察覺），也會對對方造成影響，其反作用又會回到我身上，綑綁住我自己。話語直接反映話語，到最後這些話到底是誰說的，也搞不清楚了。

相反地，若是「間距」太大，兩人的隔閡變得像一堵高牆的時候，交談純粹變成形式上的，話語就無法眞正傳達給對方，無法進入其存在的深處。在這樣的對話裡，我們感覺不自在，如果情況許可，巴不得立刻逃開。於是我們撤回自己的內部。但話雖然是這麼說，不管我們再怎麼仔細窺探自己的內部，也找不到可以稱爲「自己」的東西。在接下來的討論裡我們會看到，在日常生活中，所謂的自我身分認知、自我的存在情感，是透過他者、經由他者（是否在我們眼前都無所謂）被賦予的東西；並不是關閉在自我的內部，將自己與他者隔離，所能找到的。在與他者隔離的地方尋找「自我」，只會陷入不斷繞圈子的迷宮。如果在自己的內部尋找「自我」，只能像「銜尾蛇」譯註二

植田正治〈選自《童曆》系列〉1955-70年

一樣自己咬自己的尾巴，變得怪模怪樣。

因此，幸虧有某種適當的「間隔距離」，即使我們和他人的關係有些許齟齬或意見的相左，也不至於造成決定性的傷害。

3 互補性

「間隔距離」對自我的存在情感來說，是不可缺少的東西。因爲「間距」位於自我與他者之間，而我們若是要確實感覺自己的存在，他者的存在是不可或缺的。不過，我想先釐清這裡所說的「他者」的意思。爲了維持與他人的共同生活，我們需要食物、衣物、房屋、語言、禮儀規矩等等，各式各樣的事物。但我想探討的，不是這種意義下的「他者」，不是這種社會性的存在。我所說的「他者」，跟我們的自我認同有關。想知道我自己是「誰」，我必須能感覺到自己的獨特性，感覺自己是無可取代的。然而要感覺到這一點，需要一些條件。與這些條件有關的「他者」，才是我想探討的。

我們對自己的身分認同，必定需要他者的存在。「我是某個特定的人」這件事，也就是我的「身分認同」（identity），那是「讓我感覺不論此時此地、彼時彼地、過去或未來，自己都是同一個人物的東西」。而一個人的「身分認同」，只有在與他者的關係之中，才能成爲現實。先前介紹過的連恩醫師，探討了「自己」與「他者」在自我身分認

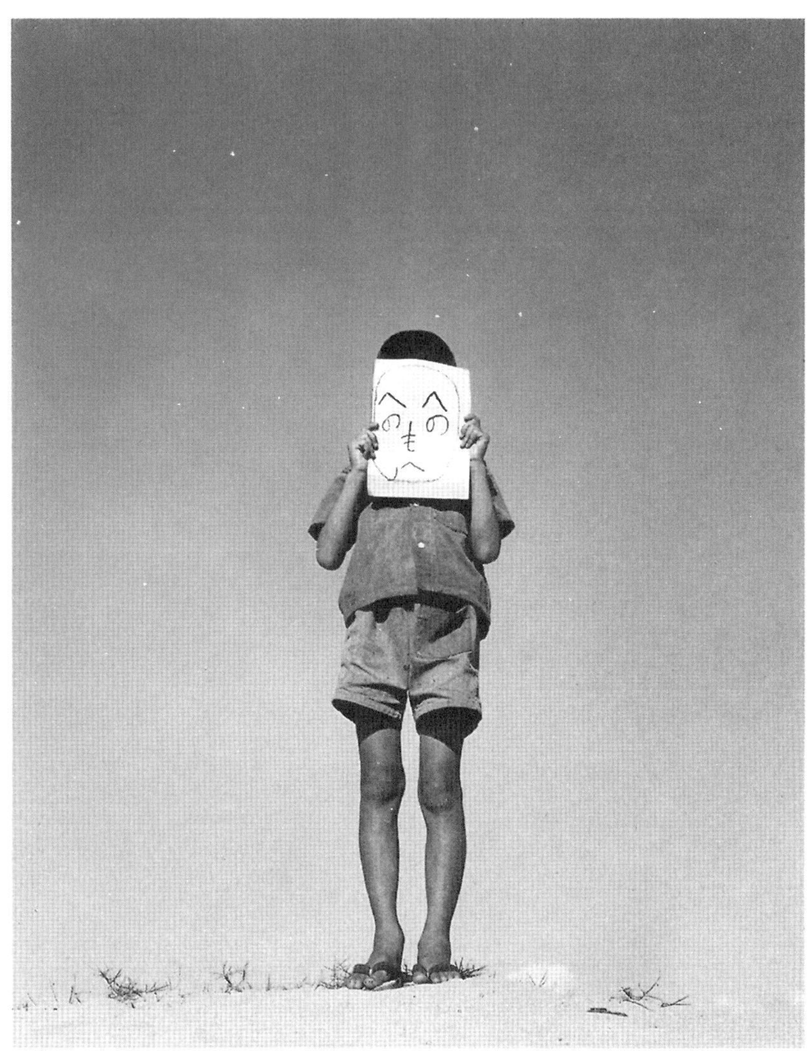

植田正治〈文字畫「へのへのもへの」〉1949年

同這件事上面的「互補性」。

連恩從「位置」的觀點，來探討這個問題。「不論小孩或大人，所有的人都需要『意義』。而這裡所說的『意義』，就是在他人的世界中的位置。……想要至少在某一個他者的世界中占有位置，這是普遍的人性欲求。宗教帶來的最大的慰藉，或許就是讓人覺得自己活在一位巨大的他者面前。絕大部分的人都追求這樣的經驗：至少在某一個他人的世界裡，自己占有第一的位置。至於他們能否在幼年時期就獲得這樣的經驗，那是另一個問題。」（《自我與他者》）連恩在這裡所要描述的是：對所有人來說，「自己能成為某一個人的他者」的感覺，是「自我」認同的情感核心。

沒有學生的老師，無法成為老師。同樣地，沒有患者，就沒有醫師或護理師。教師、醫師、護理師的身分認同，就算是單向的關係，也終究是互補性的。在這個意義下，不管是什麼樣的人際關係，都包含他者賦予自己、以及自己賦予他者的「定義」。不過，問題並不在於上述角色的（比方職業的）身分認同，而是作為「某個特定的人」的自我身分認同。這時候的他者既不是教師、也不是醫師，而是另一個作為「某個特定的人」的單獨的存在。人如果感覺自己的存在，對任何一位（上述意義下的）他者來說都沒有任何意義，就會陷入嚴重的失落。

人並不會感覺欠缺「他者」的存在；人會經驗到的，是作為「對他者來說的他者」的自己，欠缺存在感。不打算對他做任何事的「他者」——不想誘惑他、搶奪或偷取他的任何東西，沒有要讓他窒息、占盡他的便宜、用任何方法破壞他的「他者」——讓人心神不寧。「他者」確實就在那裡；但對那個「他者」來說，他不存在。

（R. D. 連恩《自我與他者》）

被渴望、被注視、被搭話……有時候就算不是被愛，就算是被憎恨、被排斥也沒關係，只要能成爲他人某種關心的對象，只要能感覺自己在他人的意識裡占有不可忽視的位置，就能成爲人存在的證明。寺山修司也在先前引用的文章裡提到，甚至曾經有人留下「誰也不跟我說話」的遺書而自殺。

人如果無法感覺、經驗到作爲「他者的他者」的自己，會怎麼做？第一個做法，是試圖跨過「間距」——其實就是無法忍受「空白」——而過度地接近他者。也許是將自己投射到他人身上，把他人的人生當作自己的人生來活；或者反過來以併吞的方式，用他者的存在來滿足自己。這兩種方式都是透過與他者同一化，以否定他者的「不在」。日本心理學家長井眞理（1953-1990）在其論文〈論「異於他人」的意識〉（「アンダースザインの意識について」，收錄於《内省的構造》一書）中提到一個案例。案例中的女性，在某處車站的月台上，突然有陌生的男性跟她說「請跟我結婚」。兩個陌生人之間，原本應該是匿名「無關係」的關係，在欠缺互爲主體的適當性的狀況下，突然被變更爲

兒子。」青年讀出父親背後的訊息：「只有我說你是我兒子，你才是我兒子。如果我說你不是，你就不是。」青年接著自己解釋：「若我說自己是這樣的人，我就會成爲這樣的人。若我說自己不是這樣的人，我就不會變成這樣的人。」最後他發展出這樣的妄想：「我只要彈一下手指，就能變成我想變成的人。」

在這些例子裡，人與他者的隔閡變得極大。這種情況下，無意識有可能以各種方式運作。就像貝特森（Gregory Bateson, 1904-1980）所指出的，有些人在對話中過度在意，而且只在意話語背後隱藏的意思，任意地將各種意義作用的層次混在一起，變得無法理解對方的話語在定義下的意義，也聽不懂比喻。另外有人卻只照著字面上的意思接受對方的訊息，完全無視對方的言外之意，或是話語背後的意思，將多層次的意義作用壓扁成單一的層次。最後，也有人單方面決定保持沉默，切斷雙方的溝通。

以「臨床」的型態與他者面對面，不會採取上述任何一種溝通的形式。因爲「臨床」並不是以預先設定的溝通形式，進入與他者的對話。就像連恩在討論上述妄想症青

植田正治〈選自《小小的傳記》系列〉1974-82年

年——「我只要彈一下手指，就能變成我想變成的人」——的案例時所表示的，重要的是「我既不是他們所說的那種人，也不是自己所認爲的那種人」。自他是互補的；在自我與他者的關係中，不論哪一邊都沒有單方面的決定性。這表示我們面對的是什麼人，和我這個人的定義有很深的關係。因此，只要「臨床」是具體的溝通的場所，那麼對這個場所的性質、條件等等預先提出一般性的規定，並沒有太大的意義。

4 與某人邂逅

你遇到的是誰？每次你遇到的這個誰，都是具體、特定的他者，而不是抽象的一般性他者。這件事對「臨床」來說，具有決定性的意義。因爲每次當我們面對不同的特定的他者，「臨床」場所的結構也跟著改變。相反地，完全不在意他者是「誰」、從頭到尾保持疏離的立場、成爲完全反射他者的鏡子，反而會促使人過度執著於自我，甚至自我封閉。

平常我們在對話中，是如何理解對方的心思與心情的？我們如何掌握他者的個別性？當我們與個別的他者（而不是普遍的、抽象的他者）相遇的時候，事情是怎麼發生的？在我們先前引用的論文裡，長井眞理舉出固執於「空隙」的患者作爲例子，進行了引人深思的探討。首先，長井引述了患者所說的話：

「接下來該說什麼話？這一次對方會說些什麼？因爲我說話的時候一邊想著這些事情，對話就暫時中斷，產生了空隙。而在對話暫時中斷的時間，對方也會揣測接下來我會說些什麼，如果我說的話和對方的預測不同，對方就會不知如何是好。我總是會說出和對方預期不同的話來。因此我說話的方式，總是比別人慢。」（病例1）

「如果我能在對方說話前就知道他在想些什麼，就能搶在他開口前阻止他，先說別的事情……。」（病例2）

長井認爲，這些敍述呈現出我們日常對話進行的結構。「在日常對話裡，說話的雙方都在無意識中互相預測對方『接下來想說的事』（意義指向），而根據這些預測，自己接下來要說什麼幾乎是自動決定的。只有在彼此對『意義指向』的預測都順利進行的時候，對話才會自然流動。只有在這種時候，說話的人才可能想到什麼說什麼，不需要在事前一句一句檢討自己要說的話，對當時的對話狀況來說是否恰當。」從這裡長井還繼續探討，對特定的「什麼人」——他者的個別性——毫不在意這件事，與時間感覺有深刻的關聯。

通常的聽者在無意識中預測的，是說話者「想說的話」的意義指向。相對地，患者則是有意識地從說話者明言的內容進行推論，所得到的是「已經說出來的話」的意義指向。因爲患者只能從別人已經說出口的話的內容，去揣測別人想說的事情，因此他的理解總是遲了一步。長井表示，「想說的話」和「已經說出來的話」之間，有些許時間的落差；而因爲這時間的落差，說話者「想說的話」和已經說出來的話的意義之間，也產生了內容的偏差。在書寫的文字中，這個偏差是決定性的；因爲在書寫的文字中，文本的意義脫離了書寫者意義指向的脈絡，而且向著非特定對象的讀者開放。

這樣一來可以說，前述的患者是用書寫（法文：écriture）與閱讀（法文：lecture）的行爲方式，來處理對話中的口說語言（法文：parole）。然而——長井認爲——在聆聽不是對著自己說的話語時，或是寫下來的文字沒有人閱讀時，不會出現眞正的主體性。用書寫的態度進行的對話，說話時並不是以個別的他者爲對象，而是朝向普遍的他者。長井表示，這樣的態度將一個個具體的他者當作一般性他者（譯按：當作抽象的「他者」的概念）來看待，並且「排除」了他者的主體性。

在這裡我們可以看到，對話中時間的「間距」所占據的「體積（膨らみ）」——現象學家稱之爲「時間的庭院」——與作爲特定「某人」的他者的經驗，兩者之間的關聯。這個關聯，在聆聽的場合發揮作用。在這裡，木村敏當作「timing」問題所探討的「間距」的時間性，和特定「某人」的經驗結合，一起出現。

話說回來，長井在這裡使用了奇特的說法。溝通的行爲同時具有兩種面向：以內容的傳達爲目的的話語交換，以及（不論有意或無意、明說或暗示）說話者的自我表現。通常這兩者是相互拮抗的關係；當其中的一個面向變得顯著時，另一個面向就會退爲背景。長井引述德國精神病理學家布朗肯伯格（Wolfgang Blankenburg, 1928-2002）的見解，並且主張，思覺失調症患者所呈現出來的各式各樣的語言障礙，是因爲他們以自我表現的功能爲優先，而極端犧牲傳達的功能。問題在於，如果我們從「被聽到的話語」而不是「說出來的話語」來觀察「傳達」與「表現」這兩種功能，我們會看到什麼？而「如果說出來的話語屬於自我表現，那麼是不是正應該說，我們在『被聽到的話語』的『表現面』上遇到的並非普遍的他者，而是個別的他者？」問題繼續：我們該如何掌握被聽到的話語中的「表現」？關於這一點，我們是以話語的肌理作爲線索。話刺進胸口、話一句一句撞上來、話中有刺、話貼過來，還有話很冷、很硬、很粗暴、很重、難以消化等等，透過這種種話語的肌理（texture）。

我們所要探討的「聆聽的力量」的問題，也是以「話語的肌理」這個主題作爲核心之一。關於這一點，我們還會更進一步具體思考；但在本章的最後讓我們再想想，從上述「間距」的時間性，以及特定的「誰」這個獨特性經驗的問題中，可以導出哪些對「臨床哲學」的規範？

借用梅洛-龐蒂的話來說，「臨床哲學」建立在三個「非哲學」（法文：non-philosophie, a-philosophie）甚至是「反哲學」（anti-philosophie）的觀點之上。首先，（這一點我們在第一章〈一個哲學上的「嘗試」〉中已經提及）「臨床哲學」要摸索的不是論述或書寫，而是以「聆聽」爲己任的哲學。第二，「臨床哲學」重視的是面對特定他者時的單獨性、獨特性（singularity）。也就是說，這種哲學的對象不是普遍的讀者，而是特定的「誰」，一個個別的人。而這裡所說的「個人」，並不是一般性規則的一例（example），而是平常我們說「個案研究」中的「個案」。第三，「臨床哲學」的著眼點，並不是既有原則的套用（換句話說，是否與既有原則一致，與既有原則之間是否具有整合性）。「臨床哲學」所注目的，反而是一般性原則因爲單一事例而動搖的哲學經驗；正如梅洛-龐蒂對哲學的定義：「不斷更新有關自己線索的經驗。」「臨床哲學」要做的不是主張，而是「聆聽」。「臨床哲學」不可能普遍化。「臨床」是一個事件；當從事哲學思考的人親身面對臨床的場面，「臨床」將徹底改變他的經驗；也因此，「臨床」必定發生在時間之中。在這三重的意義下，「臨床哲學」有意識地讓自己成爲「非哲學」。

「臨床」是一個人——作爲特定的「某人」——與另外一個特定的「某人」相逢的場面。因此，「臨床」包含著偶遇的他者的偶然性。在「臨床」的場面中，他者並不是由我們自己選擇的，而是偶然邂逅的。「臨床哲學」的視野的中心，就是從這個偶然性生成的社會性。之所以如此，是因爲背後有這樣的想法：一個人作爲特定某人的「某人」之獨特性與單獨性，其根據就來自與他者本質上偶然的關係。跟著，我們就要來探討這一點。

說，那是無可取代的東西。這樣原封不動地重述一遍，顯示這些透露心聲的話語，確確實實有人聽進去了，沒有任何一字一句遭到忽略。一個字一個字，都經過確認。話語的末端連結到某個人，有人「接住」了這些話——無形中，產生了這樣的安心感。

宇野女士在專欄裡的回答，大部分都像這樣。首先充分重複提問者的話，然後保持一點距離，從側面切入，最後提出類似這種感覺的結論：

希望你先以這種平凡普通的生活爲目標。去談戀愛，有機會的話就結婚。這是我的盼望。

你在這裡提出來的問題，也就是我要問你的問題。來吧！讓我們一起想想，是不是能消除這樣的恐懼與不安？

有人對著我說話的感覺，非常重要。感覺有人眞的聽到我說的話，更是非常重要的事。可以說，光是感到確實被接納，提問者的問題——或許更像是傾訴——就解決了一半以上。「患者開始願意開口。那無以名狀的不安，究竟來自何方？因爲有了聽者的支持，患者得以尋找答案。很多時候，只要能明確地表達，不安就能消除。即使不能馬上消除，也能夠淸楚找到解決的線索。」我們在第一章引用的中川米造的這段文字，說的正是腳踏實地的人生諮商。

植田正治〈爸爸與小不點〉1949年

聽到這些話從他者的口中說出來，是很重要的。如果爸媽一時摸不著頭腦，沒辦法馬上做出恰當的「整理」，他就會想好希望人家對他說的話，透露一點點開頭，誘導爸媽接下去。

所以，話語的意義不僅在於切割、並分析身體與情感的連續過程。否則佑卓只要喃喃自語，就可以讓自己心情平靜了。話語從他者發出，朝著他「伸出手來」，對他來說，是修復友好關係的儀式之必要條件。語言當然是傳達訊息的符號。但是與身體融合的話語，卻不只是一種符號，而更具有魔術般的力量。那些不擅長操作這種符號的「自閉兒」，正是眞正能夠感知、並且需要

這股魔力的人，不是嗎？

「まとめ」譯註一是一個很美的字。或許也可以說是「故事」的共有。「まとめ」的相互交換，讓這孩子獲得心靈的平靜。將孩子自己無法理解、處理、控制的情感情緒，「整理」成一個「故事」，可以給予這些情感、情緒一個具體的型態，讓「風暴」得以平息。然而，那不能只是用語言「整理」。雖然說是「故事」，但這故事不只是用來解釋的。因爲，那並不是賦予它意義就能了結的事情。我們不妨說，這孩子想要的，是用身體確認，「故事」——具有某個身體的話語——確實碰觸到自己。但是，「話語具有身體」是怎麼一回事？

植田正治〈選自《砂丘上的時尚》系列〉1983-93年

3 誰來聆聽？

前章〈邂逅〉的一開頭，我們引述了R. D. 連恩的患者的經驗。一位護理師爲某名慢性精神病患者奉上一杯茶的時候，這位患者喃喃自語：「有人請我喝茶，這是生平第一次……」還記得嗎？連恩是這樣解釋這件事的：

某人爲我泡茶的時候，說不定是爲了博得我的好感。說不定是希望我成爲盟友。也說不定先對我獻殷勤，稍後有圖與我。或者，也可能是想要炫耀她的茶杯或茶壺。或者……。但這位護理師爲患者泡茶，並不是有人叫她這樣做，也不是爲了推銷什麼東西，當然更不是要炫耀她的茶具。她完全沒有「爲了誰」或「爲了什麼」的想法，就只是爲患者奉一杯茶，不多也不少。而對患者來說，這樣的經驗是過去從未有過的。

沒有話語，卻深深感到充實滿足。而先前引述的人類學家父子，兩人無限地反覆「無意義的對話」，卻因此保持情感的「連結」。話語的不在、和交換「無意義」的話語這兩件事，儘管有表面上的差異，其實是同一件事。

植田正治〈小狐登場〉1948年

話說回來，無可取代的這個〈我〉的獨特性或單獨性，到底是什麼東西？而且這裡所說的〈我〉，並不是對自己來說的自己，而是對某個特定的他人來說的、獨特的東西。我們可以在哪裡，找到這件事的意義？

當我們說「這個我」的時候，「這個」的獨特性來自哪裡？這是一個蜿蜒曲折的問題。因爲只有否定〈我〉的獨特性時，「這個我」這句話裡面的〈我〉才能夠存在。從一開始，〈我〉的概念就刻印著〈我〉的死亡。這的確是充滿矛盾的狀況，然而卻不是什麼特別困難的問題。每一次我們說「我」的時候，都假定某種除了「我」以外不存在的特有事物。然而，我之所以能在說話的時候使用「我」這個字，有一個重要的前提，那就是我知道「我」這個字不是專門指〈我〉。換句話說，我用「我」這個字所指示的東西，對你來說是「你」；你用「我」這個字所指示的東西，對我來說則是「你」。這樣的互換性，是我們能使用「我」這個字的前提。只有當「我」包含了對「只有我」這件事的否定時，我們才能使用這個字。當一個人說「我」的時候，已經是以所有能夠說「我」這個字的人，作爲說話的對象。正因爲如此，任何關於〈我〉的宣言，任何對於〈我〉的獨特性的主張，始終都包含對「只有我」的獨特性的否定。也就是說，任何關於〈我〉的宣言、對於〈我〉的獨特性的主張，都是在自他相互性的視線下，以「我們」爲名進行的。在這裡，我們看到了弔詭。

德希達 (Jacques Derrida, 1930-2004) 以上述的事態，來說明這句令讀者不寒而慄的話——「在〈我〉的宣言中，我的死亡是結構性的必然。」德希達這麼說。以「我」這個字作爲開頭的命題，這個〈我〉顯現爲單數的 (singular = 「獨特的」)。但事實上，這件事對於該命題的意義作用來說，一點影響都沒有。「我是這麼想的」這句話，不論是由我或某位友人說出來的都沒有任何關係，句子的意義都是一樣的。「我寫字」這句話裡的「我」以非獨特性爲前提；也就是說，它不能是某個特定的個人，不能是這個〈我〉。換句話說，當〈我〉以「我」作爲開頭寫下一個句子的時候，〈我〉就已經死了。

所以，〈我〉作爲陳述命題的、同一的主體，事實上是像墓誌銘一樣的東西。連恩說，作爲「特定某人」的人格同一性（identity），是「自己說給自己聽的，關於『自己是什麼人』的故事」。我們可以模仿他的語調這麼說：同一的〈我〉，始終是事後編纂而成的記憶。不是Autobiography（自傳＝自己對自己生命的記載），而是Autothanatography（自己對自己死亡的記載）。在這個意義下，我自己，始終比我的存在晚了一步。

從前我曾經以「〈我〉這個場所（topos）」爲題，探討過同一個問題。如果引述當時的論點，我們必須注意的是，以Thanatography（死亡的記載）所描述的〈我〉，是從「在時間的流動中保持同一」的面向所看到的〈我〉。如果是在自他共有相同的現在、彼此面對面的場合中觀看「我」，那麼就需要不同的描述方式。被某人碰觸，被某人注視，某人對著我說話。只有在這些確切不移的現實經驗中，感受作爲他者行動對象的自己——換句話說，體驗作爲「他者的他者」的自己——才能被賦予〈我〉的存在。〈我〉的固有性無法由自己提供，必須透過他者發掘出來。當我們受到作爲「特定某人」的他者呼喚時，做出回應的〈我〉就被賦予了獨特性。〈我〉是作爲他者行動的對象而誕生的。

「被賦予生命」與「死去」這兩件事不斷交叉，而作爲個體的〈我〉就在這交叉中誕生、消失。之所以說誕生且消失，是因爲對我自己來說，我並非一直是〈我〉。睡覺的時候，失神的時候，或是疲倦到極點的時候——換句話說，當我沒有意識到自己的時候——我並不是〈我〉。但另一方面，即使我沒有意識到作爲〈我〉的自己，對於某個他者來說、或是在某種共同的制度中，我作爲〈我〉事實上是存在的，這是個尋常普通的事實。

然而，「被賦予生命」與「死去」的交叉，始終以跨越兩者的型態出現，並且隱蔽了在命題中以「我」這個字所指的〈我〉和作爲命題主詞的這個「我」的差異。這件事不容忽視。長井眞理在前引的那篇論文（〈論思覺失調症患者的「異於他人」意識〉）中指出，隱蔽這兩個因素的差異，是人與人的對話自然的自明性成立的條件。換句話說，我們若是要相信自己對所聽到的話語的理解，亦即對說話主體的「意圖」的理解，就必須「將僅少的不一致排除在意識之外」。正因爲隱蔽了差異，我們才能把「我」和「我們」掛在嘴上。這個〈我〉，被合併到「我」和「我們」之中——或者可以說，只有當〈我〉已經被合併到「我」和「我們」之中，我們才能意識到它的存在。否則不管我們說了多少次的「我」，也感覺不到〈我〉的個別性。只有當我們模糊地意識到兩者的不一致時，人才會質問自己——有意識或無意識地——「我是誰？」在臨床的場面，以聆聽者的身分與他者面對面、接納他者時，我們必須將自己和說話者放置在同一個空間層次。聆聽者絕不能讓「我們」與他者對立，把自己當作「我們」的代表，當作「我們」的一份子，站在說話者面前。

讓我們再補充一點：當一個人無法在對話中感覺他者的個別性，而將個別的他者視爲普遍的他者時，會導致這個人與他者、甚至是物品的關係障礙。這樣的人，只能以同樣的方式對待所有的他者。對這個人來說，所有的他人都是可以替換的；他甚至無法感覺自己的東西是屬於自己的。長井在解釋這種關係障礙時，報告了她的觀察：「對於他者的『個別性』與他者是『誰』毫不在意，有時候甚至會導致當事人無法分辨已知與未知的差別。」

還有一點，那就是〈我〉的固有性的這兩個面向，與西洋思想史中「固有性」概念的兩條脈絡正相對應。其中的一個傳統，試圖不經過任何其他事物的媒介，只透過〈我〉與自己本身直接的關係之成立，證明〈我〉這個存在的獨特性。這種思考方式，試圖在自我根源性的「親近」（自己直接出現在

植田正治〈狆〉1938年

自己面前）中，尋求自我的獨特性。笛卡兒的「我思故我在」（cogito, ergo sum）的命題，就是其中的典型。另一個傳統，則試圖證明自我的獨特性，來自某個特定的他人將我們視爲獨一無二的對象，而叫喚我們。這個傳統認爲，〈我〉之所以存在，是因爲自己在某個特定的他人面前，受到呼喊、召喚（call）。我們意識到「自己活在這裡」這件事實，是與使命（calling，也有職業、天職的意思）或責任（responsibility，這個字的原義是回應他者召喚的能力與意願）等倫理、宗教的情感一起的。順帶一提，德語的召喚是Ruf，來自「呼叫」（rufen）這個動詞。使命（職業）是Beruf，同樣來自「呼叫」，責任則是Verantwortung，來自「回答」（antworten）這個動詞。

4 關於hospitality 譯註三

「歡迎並接納他者」這件事，西方人稱爲hospitality。這個字和旅館（hotel）、醫院（hospital）、安寧緩和醫療（hospice）、接待賓客的主人（host）或女主人（hostess）等字，都來自同樣的字源，那就是拉丁文的hospes（客人）或動詞hospitare（迎接款待客人）。Hospitare翻譯成英文是receive as a guest（將對方當作客人來接納、接待）。此外，迎接賓客的宴會、或是旅館飯店大廳的櫃檯，一般稱爲reception，也具有hospitality的意象。

以廣義的「hospitality」爲職業的人，爲數衆多。醫師、護理師、女管家、諮商師、社工，旅館從業人員、旅行業者、餐飲業者、理髮業者、以及迎賓工作者，宗教家、教師、派出所的基層員警、市政府／區公所窗口的職員，演員、司機、商店街的零售業者……不僅這些，從事所謂服務業的人們，幾乎都在這個範圍內吧！在這裡面，哪些人會出現在「臨床」的場面呢？臨床與非臨床，無法以職業類別來區分。舉例來說，以迎賓為專業的酒吧媽媽桑或餐廳經理，保護市民生活安全的警官、販賣蔬果魚肉的生鮮商店——不論其職業是否就是迎賓工作本身，都會遇到「臨床」的場面。當一個人，不論他對話題有沒有興趣、話題與他本身有沒有關係，都仔細聆聽來客所說的話，或者不管公事私事都接受對方的諮商時，那種對話的場面就是「臨床」。

同樣是與他者互動的場合，有時候可以稱為臨床，有時候則不然，其判斷的標準在哪裡？我想應該是在於，聆聽者能不能超出純粹由職業所賦予的「接納者」的角色，而進入讓彼此保持「hospitality」的關係。換句話說，那是否只是因為職責任務而產生的匿名關係？對特定的說話者來說，聆聽者能否成為特定的「某人」？如果能進入這樣的「接納」的關係，它就是「臨床」的場合。

這其中的差異非常細微。舉例來說，以照護為專業的護理師，如果完全只扮演職務規定的角色，避免對患者有更進一步的關心，事實上是不可能進行「照護」的工作的。但據說當患者逐漸失去意識時，即使是護理師，在呼叫患者時也會自動從「某某先生」轉換成「老爺爺」這類一般性的稱呼。還有一點：雖然說「臨床」是以特定「某人」的身分確實聽進他人的話語，但聽進這些話，和把這些話囤積在自己心裡，是不同的兩件事。先前我們也介紹過，我認識的一位精神科醫師曾說，聆聽者需要有防止過度負載的洩壓閥。如果無條件地接受一切話語，聆聽者是無法承受的。不但如此，更重要的是，如果毫無保留地接受，有時候這些話語會反彈到對方身上，造成負面的影響。

接納他者，經常會成爲令人震驚的事件。因爲，接納他者意味著讓異質的因素進入複數的安定關係中，讓關係的配置產生結構性的變化。法國哲學家謝赫（René Shérer, 1922-）曾說，在hospitality的概念遭到矮化的近代社會中，「客」經常淪爲非法入侵者。

> 過去的父權制家族敞開各種入口，是一種寬容度很高的體制。然而對後來出現的近代家庭來說，熱情好客的態度，等於是讓外來者闖入私密的空間，非法入侵自己的「內部」。而十九世紀以「進步」爲名，竟致力於建立、保護這樣的家庭。若是要理解好客心的意義，就必須與這樣的家族——它已經成爲社會的細胞——斷絕關係。
>
> 《好客禮讚》〔*Zeus hospitalier. Éloge de l'hospitalité*〕）

謝赫認爲，hospitality能讓接納「客人」的人，跳脫自己的同一性（自我認同）。換句話說，hospitality將成爲瓦解「在社會性分類中被範疇化的自我」的契機。接納他

植田正治〈無題〉1954年左右

者並不是將他者併吞到「我們」之中；也就是說，並不是對他者進行同化、專有或侵占（法文：s'approprier）。相反地，那是奉獻自我的行爲。這意味著，決定意義的是我與他者不容逃避的關係，而並非由〈我〉單方面決定該關係的意義。hospitality讓一個人甘冒受傷的危險，奮不顧身地躍入自己與他者的關係中。借用金子郁容（1948-）談論義工時所說的話——那是大膽地將自己放置在脆弱易受傷（vulnerable）的立場。接納他者，同時也表示自己被超出自己理解能力範圍的事物所接納。

將他者的經驗，當作自己的事情一樣接受、理解（他者的同化＝

譯註一——譯者認為，作者在這裡使用「まとめ」這個字，有雙重的含義。對剛才發生過的事情、對種種的情緒來說是「整理、總結」，對家人的關係來說是「重新取得羈絆、聯繫」。

譯註二——作者鷲田先生有時候會為同樣的字詞，加上各種不同的括號，以表示不同層次的意義。根據譯者的理解，作者用〈我〉的時候，是表示獨一無二、不可取代的我；而「我」則表示我這個人稱或這個字。

譯註三——hospitality中文可以翻譯成熱誠待客、待客之道、好客的心等等，每個意思之間有微妙的不同。由於中文不容易找到單一字詞來含括這全部的意義，所以在譯文中使用英文，請讀者見諒。

第五章

痛苦的痛苦

1 我們都是異鄉人

關於「臨床」的概念，我們首先定義它是一個人以特定某人的身分，與其他特定某人相逢的場合。後來在上一章裡，我們又爲它加上了這樣的規定：「臨床」是透過將自己置身於某個他者面前，自己本身也得以在這個敞開、接納的關係中產生改變的經驗場合。接下來，讓我們將這兩條準則，與「臨床」另一個更爲基本的規定結合起來思考。那就是，「臨床」是「受苦的場所」。

盧梭、貝克特、阿波利奈爾、康丁斯基、梵谷、賈科梅蒂、夏卡爾、畢卡索、蕭邦、史特拉汶斯基、列維納斯、左拉，還有納博科夫、貢布羅維奇、里爾克……看到這樣的名單，人們會想到什麼？

我們還可以加上幾個人名。比方在倫敦舉辦的第一屆萬國博覽會中，代表法國參加衣裳製作部門的英國時裝設計師渥斯（Charles Frederick Worth, 1825-1895）——他以法國最後一位皇后歐珍妮的設計師聞名，同時也被稱爲法國時尚界的獨裁者。還有二次大戰後法國的代表性歌手尤·蒙頓（Yves Montand, 1921-1991），也可以加到這個名單裡。

除了渥斯之外，謝赫將這些人名全部串在一起，稱呼他們爲「作客異鄉的人們」。謝赫就是前一章我們談論hospitality（好客、熱誠接待）的概念時，好幾次提到的那個

植田正治〈水道橋的風景〉1932年

人。他在《好客禮讚》這本書的一開頭，先是列舉了這些名字，接著說明他談論好客心的目的：

他們全都客居異國之地，在那裡創作全部、或是部分的作品。柏拉圖是敘拉古僭主狄奧尼修斯的客人，亞里士多德則是亞歷山大大帝的座上賓。笛卡兒作客荷蘭，布魯諾與帕拉塞爾蘇斯，則可說是全歐洲的客人。

古代斯多噶學派的人們，認爲世界是我們唯一的祖國，標榜世界公民的精神。現代人或許無法想像，法國曾經讓義大利人擔任宰相，讓瑞士人掌管財政大權。但世界變得如此壁壘分明，也不過是最近的事情而已。出身義大利的羅馬皇帝並不多。晚期羅馬帝國的皇帝們，全部都是居留於羅馬的外國人。一九六八年五月的法國社會運動，從一開始就謠言纏身。人們竊竊私語，說這場運動是由「德國的

2 「易受傷害」這件事

熱誠接待。把他者當作客人來款待。那並不是我們有餘裕（不論是精神上或物質上）時才做的事，也不是因爲我們對他者有好感所以才做。接納他者的問題，先於有沒有餘裕的問題，也先於「要不要做」的選擇。

如果將hospitality譯爲「もてなし」（款待），的確可以自然地在生活中使用，符合現在日語的語感。然而，hospitality並不是社交上的禮儀，也不只是像德語所說的gastfreundlich（譯按：對客人友善）的好客心。還不如說，hospitality（在極度限定的意義下）是和「易受傷害」（vulnerable）連接在一起的。

「款待」爲什麼和「易受傷害」的概念連接在一起？這是個重要的問題。「易受傷害」的概念爲什麼一定會緊接在hospitality的問題之後？爲了談論這個問題，讓我們回想一下法國哲學家列維納斯（Emmanuel Levinas, 1906-1995）以「痛苦的痛苦」來定義這個概念（以下關於列維納斯痛苦論的解釋，我受到港道隆（1953-2015）的著作《列維納斯——法－外的思想》『レヴィナス——法－外な思想』許多啟發）。

列維納斯在一九九一年的著作《我們之間》（*Entre Nous*）（譯按：這個詞同時有「這是我倆之間的祕密」的意思）中，如此描述突然侵襲我們的痛苦：

爲了痛苦而受苦，爲了其他人遭受沒必要的痛苦而感到痛苦。因爲看到他者受到不合理的（法文：injustifiable）痛苦侵襲，我正當而合理地（法文：juste）感受到痛苦。人間事物的倫理展望，在痛苦面前敞開。在這樣的展望裡，他者的痛苦與我的痛苦從根本上區別開來。前者的痛苦對我來說是不應該容許的東西，向我懇求，向我控訴。後者的痛苦，則是我特有的冒險；原本無用的痛苦，因而得到意義。我的痛苦，只有在化爲「爲他者的痛苦——例如殘暴的痛苦——而感到的痛苦」時，才變得可以承受。

如果不能得到補償，如果不能成爲獲得更深一層療癒的契機，痛苦就只是不合理的東西而已，毫無益處，毫無意義。我感受到的他者的痛苦，就是這種不可原諒、無法認同的東西。但另一方面，因爲他者的痛苦而痛苦，從另一個角度來看也是不合理的（換句話說，我其實沒有爲這件事感到痛苦的理由）。但是，爲了他者的痛苦而痛苦——無法不感受到他者的痛苦——這件事是有意義的。因爲在這種狀況下，我「不顧」自己也會受苦，仍然願意去感受他者的痛苦。而就是這「不顧」——奮不顧身——賦予了我原本毫無益處的痛苦某種意義。列維納斯認爲，這種無法置身事外（non-indifférence）的態度，讓我原本無益的痛苦有了意義。換句話說，如果我的痛苦和他者的痛苦毫無關

「易受傷害」，就是這個意思。或許我們事後會別過頭去，刻意對他者受到的傷害視而不見；但是在做出這樣的決定與選擇之前，我們已經被他者所受到的傷害觸動，已經有所感應。這種在「選擇」之前的「反應」（résponse），這種苦人之苦的「易受傷害」的性質，正是「責任」（résponsabilité）的根源。

讓我們也引用列維納斯自己的話：

> 易受傷害的性質是一種對他人的執著、對他人的親近。在作爲刺激要素的**他者**背後，**以他人爲目的**。這樣的親近，無法還原爲他人的表象，也無法還原爲近接性的意識。因他人而受苦就是負擔他人、支持他人，代價是因他人而變得衰弱。一切對鄰人的愛或憎惡等等，這些經由反省得到的態度，都以易受傷害的性質——也就是慈悲、「來自臟腑的呻吟」——作爲前提。不論是否具有感受性，主體**爲了他者**而存在；也就是說，主體是代替他人受苦，是責任、補償。但不管在哪一個瞬間、在什麼樣的現在，那都是我未曾背負的責任。先於我的自由存在的這個追根究柢的質問……沒有任何比此坦白更加被動的事物。
>
> （《他者的人道主義》〔*Humanisme de l'autre Homme*〕）

無法不想到這樣的問題，以及在這個意義下的被動性與接受性，正是hospitality

的核心。開始思考如何對應與處置，沒有別的原因，就表示我們已經感受到他者的急迫性。「只有以先於意識的強迫關係爲基礎，意識才能發生……。無論是怎麼樣的意識，都無法排除強迫。相反地，意識是強迫的一種變形」（《與存在不同或本質之外》〔*Autrement qu'être ou au-delà de l'essence*〕）。我已然回應了他者的急迫；而與之相對的距離，則是在接觸斷絕後產生的。在感受到他者的急迫的同時，卻選擇忘卻、停止判斷，光是如此就足以構成對他者的暴力。

我受到動搖。作爲客人的客人，我被趕出自己的家。也就是說，我被「剝得精光」。未經任何媒介的直接接觸，就是這麼回事。人與人的連結，經常用「一起」（法語說avec，德語說mit）來形容。這樣的連結是因爲彼此共有某些事物，或是分享、分擔某些共通的事物而建立的。但列維納斯表示，這樣的連結雖然是特定某人與特定某人的關係，是複數主體之間的關係，卻不是與他者的關係。我們與他者的關係，絕不是融合（fusion）的關係；自我與他者的不對等性，「對於將我們當作數量來計算的第三者來說，是決計不會出現的不對等性」。同時俯瞰自我與他者的第三視點——列維納斯認爲那是「極權主義」的視點——透過這個第三視點而成立的、自他的連結，絕對不是與他者的關係。列維納斯以激烈的文字論述這一點：

在政治的勾當裡，人類完全被當作政治的作品來理解。政治用「可交換的面、病人得到醫治、甚至死者的復活，更令人驚奇的奇蹟。

（《等待神》〔*Attente de Dieu*〕）

韋伊在記述其工廠經驗的另一篇文章裡曾經說到，思考想要的是逃亡，並不想注視傷害自己的不幸，這是不幸的特質。所謂「思考的逃亡」，意思是，思考並不想被釘在不幸的事實之上。當人處於痛苦中的時候，不但不會訴諸語言，反而會失去話語。不……不……不要說是失去話語了，連想要脫離不幸狀態的想法，都消失無蹤。

韋伊從一九三一年開始，擔任高級中學的哲學教師。一九三四年她請了一年的假，到巴黎的某家電機公司擔任工廠作業員。她揮不去「因爲有很多人是沒有任何權利的，所以覺得自己也不應該有任何權利」（〈致阿爾貝欽・帖芙儂夫人書簡〉）的感覺，想要置身人們的「不幸」之中，眞實感受人們的「困難」。但任何人看一眼就會立時明白，韋伊不但笨手笨腳，而且身體虛弱（據說她有嚴重的血液循環障礙），因此她上班斷斷續續、經常缺勤。她的身體禁不住勞動。一九三一年她剛到羅亞爾省（Loire）勒皮市（Le Puy）的女子高級中學任教時，曾支援炭礦工人的工會運動，同時不遺餘力地協助勞工學校。爲《工廠日記》日文版撰寫解說的田邊保（1930-2008）表示，那時候「失業者的失業救濟金是五法郎，韋伊也只用同樣的金額生活，把自己薪水的大半，送給找不到工作的窮人」。當時她在給朋友的一封信裡，寫下了這樣的一段話：

植田正治〈選自《風景的光景》系列〉1970-80年

剛去工作的時候，因為炎熱、疲勞與疼痛，只要一個半小時，我就開始無法控制身體的動作，連把爐子的鐵蓋放下來都沒辦法。看到我的模樣，一名製罐技工（他們全都是令人愉快的好人）急忙跑過來，替我把鐵蓋蓋上。如果可以的話（至少能恢復氣力的話），我恨不得立刻回到那工廠的角落去。那時候每天晚上吃著用自己的手賺來的麵包，心中充滿了喜悅。

然而緊接著這段文字，韋伊繼續寫下去：

植田正治〈選自《砂丘上的時尚》系列〉
1983-93年

不過呢，這種事在我工廠生活的經驗中，就只發生過那麼一次。我覺得，曾經在工廠工作這件事，對我個人來說有很大的意義。什麼樣的意義呢？那就是，所有那些支持我的自尊心與自我價值的外在理由（我曾經以爲是內在的），只不過兩、三個禮拜，就在每日生活的殘酷壓迫下徹底瓦解。但是呢，我的心裡並沒有產生反抗的衝動。不但如此，我變成這世界上對自己最沒有任何期待的人——我只想保持溫馴。像完全放棄了的馱獸一樣溫馴。我好像是爲了等待，爲了接受施捨、執行命令，而來到這世上。覺得自己過去從沒做過別的事，從今以後也只能做這樣的事。我這麼說，可不是在自誇。這樣的痛苦，不管哪個勞動者都不會說出口喲。這件事光是用想的，就讓人非常難過。

（〈致阿爾貝欽・帖芙儂夫人三封書簡，1934-1935〉）

「勞動者不會說出口喲」。處在「不幸」與「困難」中的人，是不說話的。不只是不說，他們連想都不願意想起自己正處在「不幸」或「困難」之中。他們只想讓自己適應、讓自己習慣。因為思考只會帶來痛苦。在苦役之中——韋伊說——「思考凍成小小一塊，一動也不動。就像手術刀劃開皮膚時身體會縮成一團一樣，思考也會縮成一團。這時候，人是沒辦法『保持意識』的」（〈致阿爾貝欽・帖芙儂夫人書簡〉）。

韋伊還這麼說：「在這樣的生活裡，最難抗拒的誘惑，就是『完全放棄思考』。我深切地體會，那是讓自己不感到痛苦唯一的手段。」（《勞動的條件》〔*La Condition Ouvrière*〕）按照韋伊的說法，能夠思考、能夠保有話語的能力，已經是一種救贖，一種上天賜與的特權。韋伊自願進入工廠工作，並且在工廠生活中經驗到，比起思考、更希望不要思考的自己。思考與記憶是一種距離（譯按：作者的意思或許是「自己與有尊嚴的生活的距離」），讓已經在受苦的人更加痛苦。通常我們不需要意識到自己生存與生活的基礎，日子就能平順地過下去，但是在痛苦之中，這樣的基礎完全崩潰，我們被迫時時意識到那個基礎是什麼。因此，消除因為意識而產生的距離，恐怕是受苦的人逃離痛苦唯一的方法。「像半個身體被踩扁的蟲子那樣，在地上掙扎蠕動——受到這種衝擊的人，找不到語言可以形容發生在自己身上的事。」（《等待神》）不幸的經驗，沒有言語可以述說。這是不幸真正的困難之處。

4 以「聆聽」祈禱

「痛苦」親自抹除、湮滅自己是「痛苦」的事實。我們該如何接近、碰觸、參與，並與「痛苦」對應交涉？我們平常又是如何不自覺地處理它？

從受苦的人身上，我們聽不到他最初的痛苦。因此，我們必須傾聽「痛苦的痛苦」。首先我們必須「傾聽」繭居族的自囚狀態，當我們開始具備那樣的耳朵，或許可以開始聽到他們的痛苦。彷彿「奇蹟」一般——用韋伊的話來說。

有苦說不出，無法表達。只有在耐心等待（而不是積極要求）的人面前，在他的被動性面前，述說痛苦的話語才會洩漏、飄落。千辛萬苦，以喃喃自語的音量。

並不是說話的人必須「專注」，才能被聽到。聆聽的人必須「專注」，話語才會誕生。「最高階段的專注，和祈禱是一樣的東西。」「沒有夾雜任何雜質的專注，就是祈禱。」——韋伊在《西蒙．韋伊手札》中這麼說。

讓我們再引用兩段韋伊的文字：

他們（不幸的人）的狀態，就像常常忘記自己的舌頭已經被割掉的人。只看到他們的嘴脣在動，卻沒有任何聲音傳到我們的耳朵裡。因爲確信沒有人會聽他們說話，他們讓自己的舌頭失能。

（《倫敦雜記與最後的書信》）

屈辱使思考成爲他們始終無法涉足的領域，成爲他們自己製造的、覆蓋著沉默與謊言的禁地。當不幸的人嘆息，他的嘆息總是不正確的，無法表達他眞正的不幸。不僅如此，在深沉永續的不幸中，極度強烈的羞恥感，甚至能將嘆息徹底封殺。

（《工廠生活的經驗》）

只有等到聆聽者宛如「祈禱」般的耳朵出現，話語才會零零星星地飄落、誕生。透過「聆聽的力量」，痛苦浮出表面、現出身形。比起有待聽見的話語本身，「聆聽的力量」恐怕更存在於話語的「身形動作」中，在人的嗓音，也在宛若祈禱般的沉默裡。在這個意義下，痛苦的「述說」不只是說話者的行爲，同時也是聆聽者的行爲。

一的意象，更打開了**可以呼求接觸的空間**。脫衣、濕布、流汗等等溫度的變化，讓患者的身體意象接受到種種刺激。患者的體溫與護理人員的按摩，也讓包覆患者身體表面的水溫產生變動。在整個過程中，患者唯一能做的表達方式——話語——與護理人員的皮膚感覺之間，發生了深刻的溝通。

「包裹」最引人深思的地方就在這裡。因爲身體不能動彈，使得患者的言語機能對護理人員的觸覺變得敏感；某種意義來說，純化了言語與皮膚感覺的互動。有時候在日常空間中幾乎是隱形的觸覺與言語的關係，會突然變得清晰可見。阿爾貝努提到一個案例，一位護理師在治療過程中因爲情緒過於激動，而不得不退場。從這個案例我們不難想像，「包裹」的經驗不僅對患者，對護理人員來說也是趨近極限的溝通場所。

這是一個好例子。我們看到交流與相互理解在深沉的隔絕與孤獨中，突然發生的瞬間。同時列維納斯所說的「易受傷害性」——亦即「苦人之苦」的感受性——也在這裡形成韋伊所說的「祈禱」的樣貌。我們可以看到，「易受傷害性」這種與赤裸的他者之間非對稱的接觸，導向了「聆聽」這種與他者的非對稱關係。

第六章

「觸」與「碰」

譯註一

的聲音。不斷傳來的轟隆聲，簡直就是痛苦本身。「它的難以忍受，和搭建一座橋到瀨戶內海寧靜的小島上、讓特急列車通過時，島上居民的難以忍受，是同樣的道理。」突然使出渾身力氣的母親，和只能被動接受外界聲響刺激的少女，形成「不幸的組合」。

這時候醫師看到一個東西，突然就明白了。牆上掛著的時鐘，刻畫時間的秒針，每分鐘發出一百二十個聲響。說不定少女的脈搏正精密地與時鐘的聲響同步……。醫師立刻取下時鐘，讓它停下來，把它收到鞋櫃裡。這樣一來，少女的脈搏立刻變得和緩，醫師的脈搏也跟著慢了下來。這段時間，同行的現任主治醫師則在隔壁的房間，陪伴想要好好款待他們的母親。

這位中井久夫（1934-）醫師，這樣解釋少女所感受到的痛苦：

> 已經調整爲適應寧靜場所的耳朵，和習慣噪音的耳朵是不同的。因爲經常擔負警戒的功能，原本我們的聽覺就比視覺發達，可以辨認極細微的差異，就像數學上「微分迴路」的認知方式（實際上說是「差分」也許更貼切）。聽覺在經過幾十年之後，仍然可以分辨聲音細微的個人差異，指認出聲音的主人。但這種微分迴路對「突發的轉變」相當脆弱。突然從零轉變爲巨大的能量輸入，或是巨大能量的輸入突然轉變爲零。

正如前述，這位少女在日常生活中，無法篩選發生在自己外部或內部的「輸入」，只是單方面地、被動地接受。於是解決的方法只有兩個：限制「輸入」（比方拆掉時鐘），或是增強少女對「輸入」的承受力……。

在這個案例裡，有雙重的同步性。少女對環境毫無防備的、過度的同步作用，以及中井久夫的身體與少女的身體精確的同步。當我們傾聽某個聲響或旋律、或是試圖辨識某種聲音時，會自動將其他的聲音隔絕開來。但在這裡沒有這種主動的「阻隔」。換句話說，在這裡發生的是，甚至可能危及生存的深層同步與共鳴。然而它雖然一方面威脅到個體性本身，同時卻也在逼近極限之處，深入且溫厚地療癒個體。

中文的「交流」一詞，日語說：「ふれあい」，由「ふれ」（接觸）和「あい」（相互）兩個字組成。乍聽之下這是一個很美的字詞，但它裡面卻包含著極其恐怖的「ぶれ」——動搖。

話語的某些部分，可以直接觸及人的身體。也不妨說，話語具有觸感、肌理。話語不只是傳遞意義內容的訊息或符號，同時也是能碰觸我們的聲音。但所謂話語的接觸——或者說「送達」——並不只是與自己不同的聲音撞擊到我們而已。換句話說，那不只是聲音在發聲者和接收聲音者之間的移動。發生在雙方身上的同步、共鳴與共振，完全相反的經驗。因爲「碰」這種行爲的前提，是主體與客體之間存在著某種隔閡（自／他、內／外、主動／被動等區別）；兩者的關係就發生在這隔閡之中。相對地，「觸」的經驗則必定包含接觸者與被接觸者的相互滲入與交錯。「觸」是一種相互的交流。

「邂逅」、「交流」（ふれあい，原意是「相互接觸」）都是美好的字眼。但是在變成標語以後，它們原先豐富的意義已經大大地減損，無法完整表達「觸」之經驗。

先前引用了坂部惠的《關於「觸」的筆記》（『「ふれる」ことについてのノート』）中，也談到了「觸法」這個字眼。坂部惠認爲，觸法意味著「一種越境，與超出『法』的事物、超出『法』的領域相互往來、相互嵌入」。「犯法」的人在行爲當時知道自己正在犯法，但「觸法」是不同的。「觸法」是不自覺的行爲，在不知情的狀況下觸犯「法」的依據（權力或神）。當該行爲的反作用以懲罰或報應的型態回到行爲者身上，觸法者才知道自己已經觸法。在這個意義下，「觸」含有這樣的意味：遇見不尋常的事物，觸及其生命，反過來被它附身。坂部惠說，在這個意義下，「觸」是一種悲劇性的經驗。

日語有一種形容心神錯亂的說法：「気がふれる」。「在心神錯亂的經驗裡，自我的同一性——日常的、結構安定的配置——從根底處受到威脅、動搖。這時候我們遇見了形成『人稱』的原點，一個超越我、你、他等等這些人稱的場所；我們面對的是一種形而上學的經驗。」

大家都有過這樣的經驗吧！全身上下受到無微不至的呵護，被緊緊環抱、輕柔撫摸。在浴室裡被抱著，仔細地淸洗脖子、腋下、股溝、腳趾的趾縫⋯⋯。這裡面有一種東西，是接受他人「服務」這種經驗的核心。這麼說一點都不誇張，那是「存在受到呵護」這種經驗的核心。

安吉爾（Didier Anzieu，1923-1999）認爲還有比這個更基礎、更源頭的經驗，那就是還在母親的胎內時，像雨一般澆淋著胎兒的、環境的聲音。我們透過鏡子裡的影像認識自己的樣貌（＝可視的外皮），但這種同樣映照出我們的存在的「聲響的外皮」，比鏡子更爲古老。那是母胎的環境與胎兒本身交互發出的聲音，所合成的「聲音的皮膚」。安吉爾稱呼這種聲響的反饋爲「音浴」。

聲響的空間，是最初的心的空間。來自外部突然響起的聲音、吵雜不休的聲音、令人不快的聲音；因爲來自體內而難以察覺、反而令人不安的咕嚕聲；出生、肚子餓、痛苦、生氣、對象喪失等等時候自動發出的哭叫——這些，全部形成了心的空間。⋯⋯聲響的空間，是像胎內、口腔一樣的「洞」，雖然安全受到保護，卻不是完全封閉的。那裡面充滿了噪音、反響與共鳴。此後，小孩會一個換過一個、居住到不同的空間裡——視覺的空間、視覺／觸覺的空間、運動的空間、以及最後，文字符號的空間等等——這種種空間會逐漸教導小孩，屬於自己與不屬於自己的東西的不同、「自己」與周遭環境的不同、「自己」內部的差異、環境中的差異等

植田正治〈拿著書的我〉1949年左右

等。如果最初「自己」的聲響外殼有任何缺損，將會對接下來一連串空間的發展造成障礙。

（《皮膚—自我》）

聽到自己說話，在自己與自己之間造成一種「原距離」，讓我們形成「主體的內部」。這個過程，恐怕和聲響外皮的內外區分，是同時發生的吧！而「話語的觸及」、「話語的傳達」，正是以這種距離為前提的接觸。異質事物的接觸（不同的體溫、不同的肌理），正以分離為前提。但「觸」破壞了這樣的分離。「觸」使我們渴望回歸「音浴」那樣的原始經驗，溶解我們的自我，讓我們紛亂四散。

這個聲響的空間——我們的「最初的心的空間」——連結起視覺、觸覺、運動、文字等等異質的空間，將它們熔接在一起。而我們之所以感到心神錯亂，正因為這個聲響空間的「動搖」。我們的存在從最底部發生震盪、摩擦，產生裂痕。我們對它視而不見，假裝沒這回事，但同時反動也變得更加激烈。

就像接到電話的人，無意識地在手邊的便條紙上畫著毫無意義的塗鴉——我自己不知為什麼，總是拿原子筆使勁地畫出一個接一個的銳角三角形。這些船帆狀的圖形像蜂巢一樣不斷增殖，終於把便條紙畫得破破爛爛。當某個感覺急速地加熱，其他的各種感覺相對被冷卻；為了彌補自己遭受的忽視，它們開始蠢蠢欲動。因為想要設法維持平衡，那些被壓抑的感覺亢奮了起來，有時甚至造成幻覺。或者有時候因爲「只有某種感覺不斷被增強，進而麻痺了其他的感覺」（麥克魯漢〔Marshall McLuhan, 1911-1980〕）。牙醫師在治療患者時，經常利用這種現象。他們會用巨大的噪音來麻痺患者的痛覺。當各種感覺刺激之間的不均衡過於強烈而顯著的時候，爲了防止經驗崩潰瓦解，全體感覺會對外部封閉自己，造成全身麻痺的現象。心神錯亂也是如此；那是爲了阻止自我深層的動搖與溶解，快速形成的激烈反動。

有一種說法叫「過剩的理性主義」。那是指一種態度、一種心性。過剩理性主義者執拗地堅持，對話中的話語及其所表達的意義內容，必須有邏輯的一貫性。他們無法容忍對話時話題被岔開，受不了隨口胡謅的內容、前後矛盾的主張、缺乏結論，或是對話中有任何曖昧、空白，比方說話的人吞吞吐吐、夾雜著沉默等等。對這樣的人來說，話語的意義僅僅在於其所表達的內容；他們不容許聲音的肌理、抑揚頓挫、音色或律動等等內容以外的要素，有它們自己的意義作用。他們拒絕讓聲音本身——撒嬌的聲音、諂媚的聲音、埋怨的聲音、尖銳的聲音、死纏爛打的聲音……與他們有內容之外的接觸、對他們產生影響。因爲自我會在「相互接觸」中瓦解、融化，他們反過來死命地補強自我的輪廓。而也因爲迴避「相互接觸」，造成他們心神錯亂。

3 「碰」的聲音

相反地，也有「碰」的聲音。

貼著聆聽者皮膚的聲音、死纏著身體的聲音、刺激神經的聲音、讓人太陽穴痛起來的聲音……。或是混濁的聲音、沙啞的聲音。說到這個，不是有一句話這麼說嗎？Blues is the heart of the voice（藍調是歌聲的心）。

有一篇很好的短篇小說，寫出了聲音「碰」到我們的經驗。幸田文（1904-1990）的〈廚房的聲音〉（「台所のおと」）。但那不是像中井久夫爲少女把脈時聽到的炒鍋發出來的巨響，而是從廚房傳來的、寂寞的、近乎寂靜的微小聲音。

一起經營小料理屋的阿秋與佐吉，年紀相差二十歲，各自分別結過幾次婚。他們在一起已經十五年了，前一陣子佐吉倒了下來，臥病在床。阿秋代替他爲客人做菜。醫生告訴阿秋，丈夫的病「很難治得好」。但阿秋沒有讓佐吉知道。她打起精神、努力保持平常的樣子，動作盡量安靜。

「果然是那樣呀！」

「果然是哪樣？」

「我是說啊，這事不能怪到火災頭上。從前一陣子開始，我就覺得你的狀況不太好。」

「你在說哪件事？」

（中略）

「就是廚房的聲音啊。我覺得聲音很奇怪。」

阿秋冒出一身冷汗。

「廚房的聲音怎麼了嗎？」

「嗯。雖然你從以前就不會發出什麼吵鬧粗魯的聲音，但來到這裡以後，聲音就更小了。聲音小是沒關係，但聽起來不清爽。那聲音令人不舒服。不管是水聲也好、菜刀的聲音也好，都沒什麼精神，聽起來好像已經累出病來，或是有什麼顧忌的似的。我實在沒辦法不在意。像這樣做出來的菜不會好吃啊！我覺得啦。」

「討厭！你這壞心腸的。要是覺得我哪裡做得不對、做得不好，幹麼不直說？什麼聲音好小、什麼好像有什麼顧忌，幹麼這樣繞圈子說話？你就直接說我笨，直接教我就好啦！我哪有那個閒功夫，去注意聲音又怎樣了什麼的。我只是爲了讓店可以繼續開下去，想說在你好起來之前，先代理廚房的工作。我可是拚了命在努力啊！」

「就因爲這樣，我才覺得奇怪啊！如果你是代理我的工作，那菜刀更應該會發

植田正治〈愛女和子〉1949年

出聲音啊！不管是誰，在代理比自己技術好的人的時候，都會打起精神，不會這樣縮頭縮腦的。因爲不想讓人家覺得自己比較差呀。我本來也不想這麼說啦！可是我也常常看著別人的代理，心裡忍不住嘀咕：這傢伙不太行呀！我自己代理別人的時候，也一定有人這樣看我吧。我知道這種事不好受，但不管怎麼說，代理別人工作時，應該要發出好聽的聲音吧。『就算技術不如人，可我也是打起精神，很努力在做喔！』這樣的態度吧。」

「是這樣嗎？」

「——剛開始我不能進廚房，你那時候發出的聲音比什麼時候都悅耳。幫不鏽鋼鍋蓋上蓋子的時候，聲音很乾脆，令人安心。把菜刀橫過來拍大蒜、蔥薑的時候，節奏多好聽！你還記得嗎？」

「眞的耶！聽你這麼說我想起來，那時候菜刀用得很順手呀。」

「眞的是這樣喔。菜刀用得很順的時候，那種手感你一定會記得的。切菜的人手是怎麼抬起來的，我用聽的就知道了。如果是男的，就會發出有氣勢、爽快的聲音。但你的聲音不是氣勢或氣魄什麼的；眞要說的話，是光澤吧！從來沒有過的光澤，溫柔的聲音。」

欸？他在稱讚我！話雖如此，阿秋還是覺得不太舒服，想要趕快結束談話。如果他這麼會看、這麼會聽，一定已經發現自己心裡在想什麼了。想到他明明知道，

植田正治〈少年與老人〉1935年左右

還裝作若無其事地跟自己講話，阿秋就更覺得受不了。

「沒想到你的進步停頓了。我以爲你會繼續進步，結果沒有。有時候一天好、一天不好，有時候一個晚上就變了個樣；有時候剛剛很好、現在卻拖拖拉拉，廚房的感覺變來變去的。你這個女人心裡特別藏不住事情，一定不知道出了什麼事。最近那些小聲音又變得更小了。往壞的地方想，有時候那聲音就好像躲著婆婆的小媳婦一樣。可是不管我怎麼想破頭，也想不出來我有什麼好讓你忌諱的。一定是又要做生意、又要照顧我，讓你的神經繃得太緊了吧！」

是溶解自我與他人界線的「交流」，但是那隔著距離的基礎，卻造成了自我與他人更深層的心靈相通。可見，人與人之間聲音的交換，其結構是多重而複雜的。

4 人是聲響的存在

說話是全身的行爲。不管是獨自一人在房間裡喃喃自語，或是面貌呆滯地唱歌，都是全身的行爲。就像梅洛-龐蒂所說的，語言不只是記錄思考的手段，也不是思考的外皮或衣裳。語言是身體表現的一種「轉調」，其意義是一種身形姿態——換句話說，語言是思考與情感的身體。

梅洛-龐蒂在他的《知覺現象學》中如此寫道：「在無限定的一系列不連續動作中，將超越其自然力量、使其變形的意義核心據爲己有——這正是人體的定義。」他接著這樣描述「說話」這件事：「咽喉的收縮，在舌頭與牙齒的縫隙中『咻』地釋出空氣，我們使用身體的某種方法，突然被授予一種象徵意義，並且向著我們的外部指示該意義。這是奇蹟——就像愛情從肉慾中浮現，或是人生第一次、某種有意義的動作誕生自無邊無際的運動之中——既不更多，也不更少。」

說話的行爲，不是操作嘴巴這種器官，將意識的內容變換爲可聽取的聲響。說話是身體表現的一種「轉調」。語言不是思考或情感的符號，也不單單是聲音的分節、或物理上的音量。常有人說「只有嘴巴說說而已喔」，但這只是一種比喻；說話從來不是只有嘴巴的事情。即使是忍住沒說的話，也是與壓抑自己身體的行爲，緊緊結合在一起。

正因爲如此，我們才說「話語」裡不是只有text（＝明言的內容），還有texture（＝語言的肌理）。每個人的嗓音都有他獨特的肌理；在反覆接觸之後，對我們來說，那個人的存在幾乎可以還原爲他的「聲音」。甚至有時候，我們想不起來某個人的臉孔，唯獨他聲音的感觸卻能清晰記得，如在耳際。

> 我和結晶體或金屬、以及其他許多物質一樣，都是聲響的存在。只不過，我是從內側聽見自己的振動。就像馬爾羅（Georges André Malraux, 1901-1976）所說，我用喉嚨聽自己的聲音。以這一點來說——也如同馬爾羅所言——我是無與倫比的存在。我的聲音和其他任何人的聲音都不同；我的聲音和我生涯的總量連結在一起。但是，如果我與他人靠得夠近，近到足以聽到他說話時的呼吸、感受到他的興奮或疲倦，那麼我就能在他身上——如同在我自己身上一樣——目擊到怒吼誕生的可怕瞬間。就像觸覺、視覺、以及觸／視體系之間具有反射性，發聲的運動與聽覺之間也有反射性。發聲的運動有其聲響的記載，怒吼則在我的內部引發運動的反響。
>
> （梅洛－龐蒂《可視與不可視的》〔Maurice Merleau-Ponty, *Le Visible et l'Invisible*〕）

從這裡，也流露出梅洛-龐蒂思考的習性與癖好。他將看見與被看見、碰觸與被碰觸的可逆性，這種「感覺的反射性」轉寫到各種感覺之間，以及自他之間。感覺與運動之間的關係，也相互連動、侵蝕並反響。聲音就從這裡發出。正因爲如此，聲音與書寫的癖性——語言的身形——才能送達「特定某人」的存在，不是嗎？

我們在第三章，從長井眞理的分析中學到了一件事：話語是他者存在的肌理；我們在話語中遇到的不是「普遍的他者」，而是作爲「個別者」的他者。讓我們再想一次長井眞理的論述。長井的患者遭遇的困難，來自他用「書寫／閱讀」的行爲方式，來處理對話（「說話／聆聽」）。用文字寫下的事情，是對不特定的讀者開放的。而這名患者在與他人的對話中，是以「閱讀」的方式接受話語，因此眼前具體的他者對他來說，只能是「普遍的他者」。「舉例來說，在聆聽不是對著自己說的話語時（只有說話的主體），或是對被寫下來、卻沒有人閱讀的文字（只有內容主體）來說，不會出現眞正的主體。患者將他者的話語視爲『內容主體』的話語、而不是『說話主體』的話語來聽，自己說出的話語也不是朝向個別的他者，而是普遍的他者。我認爲，患者這種以書寫的方式進行對話的態度，『排除』了他者眞正的主體性。」這是長井的分析。

話語除了有傳達內容的功用外，同時也是傳遞意志或情感的動作與行爲。而「只有嘴巴說說」的話語所欠缺的，正是這樣的意義。當我們觸及他者聲音的肌理時，話語會再次返回到自我本身；但若是以「書寫／閱讀」的方式處理對話，將無法獲得這樣的經驗。無法觸及話語傳遞意志或情感的「動作」或「行爲」，只能從對方說出來的、字面上的內容，來推測對方想說的事情。這樣的人在對話中，必然總是「慢半拍」。在這樣的情況下，人聽不到原本應該包含在明言內容裡的「後設訊息」。想要傳達的心情，無法傳達給對方。

如同梅洛-龐蒂所說，心神錯亂是作爲聲響的「自我」空間，發生巨大的動搖。當對話被還原爲扁平的單一次元，只剩下單一的層次，對話的雙方無法「觸及」彼此，這種作爲聲響的「自我」空間是難以成立的。在遇見他者的時候，區分內外的「聲響的皮膚」不斷被製造成形、不斷被強化。或者也可以說，在各種聲音相互交叉貫通的場所中，只有當自己發出來的聲音與他人發出來的聲音相互分離，我們才會重新掌握、理解梅洛-龐蒂所謂的作爲聲響存在的「自我」。因爲聲音並不是只有我才聽得到，不只是主觀的東西。在這個意義下我們應該說，聲音是我們與他者一起居住其中的、共通的要素。這種存在的要素，分歧成爲我發出的聲響、你發出的聲響、他發出的聲響，以及我的嗓音、你的嗓音、他的嗓音。

如同本章第二節所述，「聆聽他者聲音」這件事的根源，是觸及「超越自／他、主動／被動等區別，也就是相互滲透的場所」的經驗。在這種經驗中，我們接觸到他者聲音的異質性——不同的聲音表面（觸感），不同的體溫——而這樣的接觸，讓我們確實回到自我存在的根源。這樣的過程不斷在我與他者之間反覆發生。而缺乏這種與異質事物的接觸，經常是心神錯亂的原因。

譯註一——原文的標題是「ふれる」と「さわる」。日文關於觸覺有兩個不同的動詞：「ふれる」與「さわる」，雖然無法精確定義，但意思與用法都不相同。一般來說，「ふれる」較為輕柔，尊重對象的主體性，彼此有某種程度的互動，是「對人」的動作；「さわる」則較為冷漠或帶有攻擊性，純粹是單向的行為，是「對物」的動作。兩者交互運用的時候，可以表現很細膩的語意。舉例來說，接觸到事實的時候，雖然對象不是人，但是用「ふれる」來暗示這件事實對自己也產生影響。色狼在公車上偷摸女性是「さわる」，因為他不顧對方的意願或感受，純粹把對象當作「物」。醫師觸診通常也用「さわる」，因為他觸摸的對象是患者的「症狀」，並不希望引起對方身體或情緒的反應。中文似乎沒有這麼清楚的分別。權宜之計，譯者將「ふれる」譯為「觸」，「さわる」譯為「碰」。

植田正治〈選自《砂丘上的時尚》系列〉1983-93年

第七章

享受

1 享受的經驗

我觸摸到「聲音」。來自別處的「聲音」，從身體的各個地方觸摸著我。那聲音渣渣地摩擦著我的皮膚，涕涕地黏著我，濕答答地蓋在我身上，溫柔地撫摸我。混濁的聲音，沙啞的聲音，柔和的聲音，尖銳的聲音，朦朧的聲音，發抖的聲音，假嗓的聲音。肥大的聲音，圓潤的聲音，帶刺的聲音，粗糙的聲音。「聲音」有強度、律動、光澤、陰影。有強大的滲透力。因此有時候，我劇烈地抗拒它。

我們將它命名爲「人聲」的肌理。接觸到人聲各自的肌理，就是接觸到其他的身體。我在這裡所說的身體，意思就像羅蘭．巴特（Roland Barthes, 1915-1980）爲「戀人」所下的定義：「戀人的肉體在戀愛主體心中引起的所有想法、感動與關心。」

就像呻吟、喊叫、歌唱、哭泣、歡笑，有時候人的聲音並不會結晶成爲話語。但通常，人聲是作爲話語發出或洩漏的。也就是說，人以聲音代替行動。我們以聲音催促、誘惑他人，向他人傾訴、懇求或命令。這種時候，我們相互交錯彼此的身體。這樣說更貼切：我們聽的時候，不純粹是聽他人聲音的肌理，而是透過聲音的肌理觸及他人。

只有當「意義」從話語脫落時，我們才能聽到「人聲」，單純地觸及「人聲」。比方身處異國，被說著陌生語言的人們環繞；或是無意間聽見歌劇的詠嘆調，而歌詞是我

植田正治〈柵欄圍起的小路〉1935年左右

們無法理解的外國語。這時候我們在意義之外觸及人的聲音；換句話說，意義被免除了。人在開始說話以前，也會接觸到人聲。嬰兒時期像大雨般澆灌我們全身的話語，確實是先於意義的、人聲肌理的經驗。然而，我們在模糊的意義前兆中碰觸到的這個「人聲」，會隨著語言的學習，而逐漸開始附屬於意義。「聆聽」不再是皮膚的經驗或身體整體的經驗，而逐漸變成耳朵的經驗。當人聚精會神，集中注意力集中傾聽物體發出的聲音、或是話語的時候，就必須壓抑身體——觸及「人聲」的皮膚——的感覺。因此有時候人對於說話的內容越是慎重、仔細，「心」就離得越遠。

這種時候，我們已經無法觸及他人的身體了吧！

有一種治療法，醫師只是與患者談話，刻意不加任何解釋。這時候精神科醫師想要做的，應該是將「人聲」的經驗從「意義」的壓抑下解放出來吧！「搞笑」之所以可以療癒人心，就是因爲用無意義的胡說八道——即使還沒走到意義的外部——將人帶離痛苦、悲傷，引導他們的意識進入完全不同的脈絡。

照護他人，正應該是在「意義之外」進行的事。照護他人不是爲了追求某種效果。照護發生在「目的是什麼？」這個問句失效的地方。不是因爲特定的身分、特定的目的或需求，只因爲你存在——這是唯一的理由——而享受關心、照料，這才是眞正的照護。

人一生下來，就立刻進入對他者全面依賴的關係之中。嬰幼時期能否感受到自己的存在受到全面的呵護——有人逗我們開心，對我們說話，撫摸我們的身體，把乳頭塞進我們嘴裡，幫我們擦屁股洗頭髮——對一個人的成長來說，具有決定性的意義。不管是誰，都能透過身體記得這些經驗吧！如果能充分擁有這樣的經驗，那麼一個人的人生，就不那麼容易受到動搖。

霜山德爾（1919-2009）在《人的極限》（『人間の限界』）一書中，談到「享受」這件事對一個人的生命所具有的意義。通常嬰兒最初享受到的東西，是「從乳房柔軟的肌膚流瀉出來的慈愛與溫暖的乳汁」。

讓我們觀察嬰兒從奶瓶喝奶的舉動吧。如果牛奶的溫度太高或太低，或是成分調配的比例改變，有時候嬰兒會拒絕喝奶。小孩能感覺並區分液體的「狀態性」。他所感覺到的事物的意義，會受到他的心情左右；而他的心情則受到內在因素（是不是肚子餓、是否健康等等）與外在因素（環境是否熟悉、母親的聲音等等）影響。許多關於人格發展初期精神病理的知識見解告訴我們，環境些許的陰暗變動，或是母親的態度細微的冷淡變化，都能傷害、改變嬰兒的心情。最早出現的徵候，就是拒絕食物。嬰兒什麼都不想做、或是失去愛的時候，也會對吃東西失去興趣。

這食物不合我口味、這句話我無法接受、這個要求我怎麼也嚥不下去——這種種拒絕，或許就來自上述的、人的存在的深層。我們經常看到，老年失智症患者的生活「只剩下吃東西是唯一的樂趣」。但霜山在他們的生活裡，也發現了同樣的困難。他寫下這樣一段令人痛如錐心的敘述：

精神病院裡吃飯時間的光景，令人無限悲傷。平常行動遲緩的患者們，用幾乎令人害怕的速度，「吃」得飛快。還有思覺失調症患者、老年性精神病患者的被毒害妄想——他們確信自己的食物被下毒。從人類學的角度來看，這是喪失信賴的極端表現。除此之外，不知道還能說什麼。

就算只是一次的咀嚼，也絕不只是生理上的運動或感覺而已。我們享受某個食物，細細品嘗；那是人與食物之間的一種感應，也是反覆的觀察。我們不只品嘗，也分辨其味道與口感。這種時候，咀嚼可以說是「具備個性特質的思索行爲之萌芽、預兆」，也可以說是「兩者（人與食物）之間濃密的交流」，是「進入對話的預備階段」。簡要來說，「吃東西」這件事和人與人之間的「信賴」有很深的關係。持續的飢餓經常讓人變得意想不到地殘忍，那也是因爲「信賴」受到嚴重傷害的緣故。

2 「獻出時間」與無條件的在場

人在卽將死亡的時候，都希望有人陪在身邊，不是嗎？並不是因爲你是什麼身分，只是因爲你存在。換句話說，是沒有條件的。

曾經在某一本書裡，讀到一段令人印象深刻的文字。那是一位老人特別安養中心的照護員所說的話。

人應該在什麼地方迎接自己生命的終點？這個問題不可能有放諸四海皆準的答案吧！就算說尊重當事人的決定權，但是在嚥下最後一口氣的瞬間他是怎麼想對方。或者也可以這麼說：與對方一起度過一段時間，這件事本身就是一種照護。」換句話說，「在」這件事並不是什麼都沒有的「零」。我們並不是非得要做些什麼，才能有正向的意義。

中井久夫以文字記錄了阪神、淡路大地震之後，精神科醫師們的救援活動。他清楚生動地描繪出，「在」這件事本身就已超出了「零」。中井久夫是居住在神戶的精神科醫師。他反覆地告訴我們，面對前述的震災，他者的「presence」——中井將它譯為「一直在場」——在災害現場具有何等重大的意義（《1995年1月．神戶》）。不需要等待某個特定對象的出現；只要能感覺到身旁有人在（presence），就已經具有直接的意義。

爲了支援精神科醫師們的活動，地方上的醫師們紛紛趕了過來。但是由於待命的時間實在太長，實際的工作卻不多，特地來支援的醫師群裡開始發出小小的不滿。中井這樣回答他們的抗議：「正因爲有預備軍陪伴在我們身邊，我們才能毫不保留地，把所有氣力都用盡。」他要表達的是，只是因爲支援醫師的「在場」，光是這一點，對中井的團隊來說，就已經具有莫大的正面意義。

有人陪伴在身旁的感覺能給予一個人多大的勇氣，在避難所生活過的人，大家都經歷過吧！我們每個人在小時候，也都有過深刻的經驗。舉例來說，第一天到幼稚園上學，離開母親加入一個新團體時的不安，不論是什麼人都曾經感受過。我們不斷回頭望向母親，一次又一次確認那張看著自己的面孔，戰戰兢兢地加入一群陌生的他者——雖然要不了多久，這些人就會變成朋友。「人只有在意識到有人看著自己的時候，才能成就自己的行動。」——發展心理學家濱田壽美男（1947-）也如此寫道。

3 相互的背面

然而，無條件的在場並不是無距離的在場。如果沒有保持距離，照護是無法進行的。這不只是指以照護爲職業的人，對於從事照護的家人來說也是如此。照護不是只要履行護理或看護的職務（＝角色）就可以；如果不能超越職務、以作爲「人」的身分臨場，照護的工作是無法達成的。這是照護工作內含的矛盾。無須贅言，教育的現場也是如此。

讓我們以護理的現場爲例，思考我所說的這個距離。

每年固定有幾次，我會造訪一些診所，就像象徵季節的風物詩一樣。蛀牙了就去找牙醫，花粉症發作就去看耳鼻喉科。雖然這也算是生病，但我不會有「人生或許就這樣化爲烏有」的不安。

但去大醫院就不一樣。去大醫院就診的時候，通常我們搞不清楚自己什麼地方生病、生的是什麼病，只知道身體確實有異樣。醫生也會爲我們做各種檢查。在這過程中，不安的感覺——「或許我有什麼病，會讓我的人生化爲烏有」——逐漸膨脹。說得誇張無法進食了？可以起身慢慢走動了？臥床不起了？——護理師與患者在共同的時間裡，經驗生命的過程。最終，當他們經歷人的出生或死亡時，保持心情的平靜是不可能的事。通常人們把「sympathy」這個字翻譯成「同理」，但它其實原本是「共苦」的意思。他人的痛苦有一部分成爲自己的痛苦。他人的悲傷或喜悅也是如此，自己無法不感受到。對平常人來說，這些事大多一生只會發生一次，但護理師卻因爲與多數的患者建立了人對人的關係，這樣的事情會頻繁地發生在他們身上。

人生大事的記憶會留在我們的身體裡，久久不能散去。而護理師們必須以平常人數十倍、甚至數百倍的頻率經驗這樣的事情，不可能不累積壓力，不可能不感覺疲憊。就算還不到立刻生病的程度，但深度的疲勞是確實存在的，休息是必要的。對護理師來說，這種身心的動搖幅度又大、頻率又高，堆積在心裡與身體底層的疲憊，遠超過他們自己感覺得到的。

反覆來說，擔任護理工作的人之所以疲憊不堪，不只是因爲工作實在很辛苦，更因爲平常人久久才發生一次的情感波動，一天之內要降臨在他們身上好幾次。人的死亡，人的誕生。入院的衝擊與出院的歡喜。原本正浸泡在一種強烈的情感之中，突然擺盪到完全相反的情感裡。以爲自己正在生氣，下一個瞬間卻熱淚盈眶。受到這種「存在的震盪」劇烈搖晃，啪的一聲像斷了線的人偶，突然就崩潰了。

人生的幸福與不幸不斷翻轉的場所，患者的日常與護理工作者的日常正好相反的場

植田正治〈村長在場的風景〉1945年左右

所。如果說這個反轉發生的介面就是臨床的場所，那麼從事護理工作的人，就是日夜站在這樣的場所，一直處在日常與非日常的交界處。那是無法純粹當作職業來看待的場所。如果純粹把它當作職業，就無法完成自己的職務；必須以一個擁有具體面貌的「人」的身分，與他人相接觸。護理就是這麼一種具有深刻矛盾的工作。「照顧他人」這個工作所帶來的痛苦，無法隔絕在外，必然會侵入照顧者的個人生活之中。「燃燒殆盡」的現象，就發生在這樣的場所。

爲了不掉入「燃燒殆盡」的陷阱，無論如何都必須與照護的對象保持適當的距離。不能與對象一體

1 照護與其「場所」

在上一章我提到，照護發生在「目的是什麼？」這個問句失效的地方。沒有類似「如果我是這樣、那樣」的條件，只是「因爲我在這裡」而享受到的照顧，這才是照護。我也思考了「享受」的經驗在個人生命中的意義。我還提到某位老人特別安養中心的照護員所說的話：沒有特別的條件，在他者所在之處陪伴他。我試著在想像中檢證，這種「無法對他者的痛苦視而不見」，這種無條件的 co-presence（一起在場），能夠爲他者的存在帶來什麼樣的力量。

那段文字要說的是，臨終照護的本質不在於是否應該進行延命醫療，不是在什麼地方迎接生命的終點，而是在「誰」的陪伴下走完人生的旅程。

我曾經在大學的研討會中報告上一章的內容（包括上述的那段文字），並且和在場的人一起討論。我向他們提出上一章最後留下來的問題：超越角色需要的、無條件的「同在」，並不是無距離的「密合」。相反地，「同在」必須以「該斷開的地方就要斷開」這種距離感爲前提。超越職業上的角色（比方來說，護理師），以一個個體、一個擁有「具體面貌」的人的身分，陪伴在他人身旁。有意識地與他人保持距離。這兩件事眞的能順利並行嗎？

是否眞的傳達，或者那只是自己膨脹的幻想，是沒辦法確認的，更使人傷腦筋。

B：不只這樣吧！有時候被照護的人、被愛慕的人，還會覺得很煩呢！

F：眞的！「雞婆」（笑）。

D：「care」這個字要怎麼翻譯，也很困難。照顧、照料、照服……不管用哪個詞，都很難完全表示出「care」的意思。

A：雖然我們已經討論過了，但我還想重提一次。話說回來，護理和看護眞的有辦法清楚分別嗎？我認爲，不管是誰都有照護自己的能力，而護理可以說就是補足「自我照護」無法涵蓋的部分。我認爲人如果能自己動手，滿足自己像梳頭、洗頭這種基本的欲求，就足以說是「照護」了。換句話說，就是「自我照護」。到目前爲止大家所說的照護，都是照顧、看護意義下的照護，也就是對他者的照護；如果這樣的照護也和「自我照護」有關，那麼「自我照護」是不是更爲核心的概念？

W：我們是不是可以說，「臨床哲學」的任務就是從別的視角，來照護以「照護『自我照護者』」爲職業的人……？照護自我照護者的照護者。「臨床哲學」期許自己，站在這樣的臨床（現場）。

我突然想起有一年夏天，一位和尙來帶著我們一起進行盂蘭盆（中元節）祭拜。那時母親輕巧地轉過身，用扇子爲和尙搧風。因爲那把扇子太小，我太太去找了把大的來，遞給我母親。我確認了這一切，將視線移回佛壇。而佛壇裡的佛，正接受和尚的禮拜。這正是照護的迴圈。

只有人類在生下來之後，需要長時間接受保護者照顧，否則無法生存。而年少者那麼長期間照顧年長者的動物，也只有人類。在這個意義下我們不妨說，對人類而言，照護具有核心的意義。沒錯，這一點在上次討論的時候已經說過。在那之後，我請教一位專門研究大猩猩的朋友一個問題：大猩猩也會有照護的行為嗎？他先是用自然科學家一貫的謹慎態度聲明：「那只是我自己觀察到的少數案例。」跟著告訴我很有趣的事。當年老衰弱的大猩猩逐漸走向死期，眼睛也開始看不見了，其他的大猩猩會聚集在牠身旁，陪伴牠生活一個月左右。團體一起移動的時候也是，雖然很細心照顧那眼盲的老猩猩，卻還是讓牠走在隊伍前頭，彷彿要維護牠的自尊似地。

那麼，我們的照護行為，維護了什麼？

C：這種事沒辦法一概而論。

A：嬰兒喝奶的時候也是這樣喔。吸奶要花很大的力氣，所以有些嬰兒喜歡牛奶可以自己流出來的奶瓶。但我們也不能因為這樣就說，所有的嬰兒都喜歡這種喝奶的方式。

W：是這樣沒錯。就以嬰兒喝奶這件事來說吧！第一次給他半冷不熱的牛奶也許還會喝，但第二次再給他這樣的牛奶，有時候他就不喝了。不只是因為溫度太……（中略）……

C：話雖如此，重點還是「奉茶」，是嗎？我們又回到最初的情境了呢。

（以上的討論內容，是根據大阪大學文學部學生滿田愛所做的逐字紀錄《臨床哲學・大家的發言集》爲基礎，重新整理而成）

討論就像這樣不斷擴充、發展，不知不覺中夜也深了。在那之後，討論的議題逐漸移向「我們眞的可以宣稱，人無法不因他者的痛苦而痛苦嗎？」、「我要成爲〈我〉，無可避免地一定要進入相互照護的關係中嗎？」這時候我們決定暫停討論，將議題保留到下一次。

2 款待的規矩

這個研討會中提出的所有問題，都會留在所有參加者的心中，進而發展出各自的「照護論」吧！最後，我無論如何都想再次思考，剛開始時提到的「距離」的問題。發生在「熱誠款待」（hospitare）與「聆聽」行爲中的「距離」，其性質究竟是什麼？

不知道爲什麼，這裡的契機，仍然是「茶」。

第一個插曲——

帶給我最初的印象與基調的，是四位巴勒斯坦的女性。她們居住在俯瞰約旦首都安曼的「傑貝爾．呼暹」地區。四個人都年紀很大了，臉上佈滿皺紋，蜷曲著身子，圍著沒有火的爐灶，抱膝蹲坐在地上。說是爐灶，也不過就是兩、三顆黑黑的石頭，和一個坑坑疤疤的鋁製茶壺而已。女士們要我也坐下來。

「來，我們在自己家裡喲。要不要喝杯茶？」（她們臉上露出微笑）

「你說自己的家？」

「對啊！」（笑）「雖然說，想生個火也只剩下幾顆石頭了。我們的小屋被燒掉了。」

「被誰燒掉了？」

「海珊啊！你是從法國來的吧。你的國家不是支持阿拉伯嗎？不過，你們分得清楚海珊和阿拉伯的不同嗎？」

接下來，四位女士開始熱烈討論，在海珊的摧殘下，她們的命運還剩下什麼。女士們克服了自己遭遇的不幸，非常開朗積極，隨時保持戰鬥的精神。

（《傑貝爾．呼暹的女士們》〈*Les Femmes de Djebel Hussein*〉）

年屆六十的惹內（Jean Genet, 1910-1986），造訪了受到燒夷彈毀滅性攻擊的巴勒斯

植田正治〈少女的四種姿態〉1939年

坦難民營。這些文字就是他旅行的記述。這是一場奇妙的盛宴。被連續的轟炸趕出自己的土地，連臨時搭建的小屋也被燒毀。在這裡，薏內受到熱情歡迎，進入她們只有兩、三顆黑石頭，與一個鋁製茶壺的「家」裡。這段文字引用自梅木達郎（1957-2005）的《流浪文學論——在尚・薏內的留白裡》（『放浪文学論——ジャン・ジュネの余白に』，1997）。梅木在這本書裡，解釋了這「接受一無所有者款待的經驗」。

薏內在其他難民營，也無數次受到女士們接待，請他喝茶、吃飯。請客的人自己並不吃；因爲除了晚上，伊斯蘭教徒是不准進食的。「那是家規，也就是『內』法。然而她們把這個規矩放下來，歡迎薏內這外來的客人。她們沒有強迫客人遵守自己內部的法規，而是相反，她們尊重客人本身的存在。」在這個意義下，「受到款待」是自己在沒有任何保留、沒有任何條件的狀況下，爲他者所接納的經驗。那是「與只接受『被內部法規同化者』的行爲，完全相反的東西」——梅木這麼說。

什麼都沒有。家、財產、生活的土地，都被奪走。正因爲如此，所以能熱誠款待他者。這是怎麼回事？

第二個插曲——

三位女士正在交談。互相打了一聲招呼後，又來了五位女士，這樣就有七、八個人了。娜比拉（一位女醫師，巴勒斯坦人）在我的旁邊。但她要不是真的忘了，就是假裝不知道我的存在。過了五分鐘左右，我們到其中一位巴勒斯坦女士的家裡喝茶——那只是個藉口，其實是爲了在有遮蔭的房子裡繼續聊天，涼快一點。女士們爲我們兩個人攤開一張毛毯，在上面加了兩、三個墊子。但其他人都還是站著，忙著準備茶和咖啡。沒有人招呼我，只有娜比拉好像想起我在她身旁，遞給我一個小小的玻璃杯。大家都用阿拉伯語交談，我可以講話的對象就只有四周的牆壁，和塗了白色石灰的天花板而已。我正在心裡嘀咕「這怎麼和我所知道的東方人不太一樣」的時候，腦子裡突然好像有人小小聲地跟我說了些什麼。原來如此！因爲我是男的啦！在這阿拉伯女性的聚會裡，就我一個是男性！這樣我就懂了。會出現這種

有專屬的處所——換句話說，讓自己存在於「非－場所」、「非－專屬的處所」，是惹內「送給他者的禮物」。

沒有任何所有物的存在，沒有任何要固守的自我認同（＝特性，propriété的另一個含義）的存在，在這個社會中無法擁有特定位置的存在。這樣的存在，出人意料地——不，應該說是理所當然地，與馬克思年輕時描寫的無產階級像一致重合。

「這個階級既是市民社會的一個階級，同時又不是市民社會的任何階級。這個身分，是一切身分的解體。這個階層因爲懷有普遍的苦惱，而具有普遍的性格。這個階層蒙受的不是任何特定的不義，而是不義本身，因此並不要求任何特殊的權利。……而最終來說，這個階層將自己從自己以外的一切社會階層解放出來的同時，如果不解放自己以外的一切社會階層，就無法解放自己。一言以蔽之，這個階層是人類的完全喪失，因此只有透過人類的完全回復，才能獲得自己本身。……體現社會這種解體的這個特定身分，就是無產階級。」（《黑格爾法哲學批判序論》）

準備走出自我認同之「外」，重點大概就在這裡。

3 homo patiens

我們已經看到，因爲身分認同遭到剝奪，「熱誠款待」才可能發生；而且，我們已經來到這個問題和「臨床哲學」的理念正面衝突的地點。對於那些守護、協助他者照顧自己的人，「臨床哲學」是否有能力照護他們？這是「臨床哲學」不斷自問的問題。「照護」的概念，將「自我照護」、「對照護者的照護」與「臨床哲學」三者連結在一起；而上述的正面衝突的地點，說不定已經越過了這連結之處。帶著這樣的預感，接下來我們將導入homo patiens的概念。那是維克多．法蘭可（Viktor Emil Frankl, 1905-1997）與中村雄二郎（1925-2017）帶給我們的概念。

Homo patiens，受苦的人。這個詞語來自一個拉丁語的動詞，那就是意味著「承受」、「蒙受」、「受苦」、「接受」的「patior」。Passion這個名詞也來自同一個詞源；它除了「被動」、「受苦」、「受難」之外，還有「激情」的意思。因爲在西洋思想史中，經常將「激情」理解爲身體因爲外界事物的影響而產生的變化。法蘭可在〈受苦的人〉（1951）這篇論文裡直搗核心，將「理性的人」和「受苦的人」視爲相對的概念。他平靜地要求我們，在成爲以理性判斷的人之前，先學會接受苦惱。他說，人類存在最深處的本質是「受難」（passion）；換句話說，人根本上是「受苦的人」（homo patiens）。法蘭可玩了一個文字遊戲：所謂生物（Lebewesen），不就是受苦者（Leidewesen）嗎？我要仿效他這麼說：生存（live），經常就是一種災禍（evil）。

另一方面，中村雄二郎（1925-2017）在過去許多著作中，相對於「action（主動）的知識」，提出了「passion（被動）的知識」的概念。action的知識是將事物對象化的知識、控制對象的操作性知識，而passion的知識則可稱爲「pathos（受苦、哀愁、情感）的知識」或「臨床的知識」。不管面對的是身體、生命或自然環境，現代社會都只有一種態度：操縱、控制。中村深刻反省這樣的現代社會。他重視的是以接納爲前提的感受性，而不是對象化的、操作性的知識；不是隔著距離、無動於衷、朝著對象發動的知識，而是在（與對象及他者）相互參與的交流（interaction/interpassion）中，交織著身體性的因素、發揮功能的知識。

「被動」與「接納」所具有的正面力量，對「我」或「人類」的存在來說，都是本質性的力量。我認爲那就是「聆聽的力量」。長期以來，我從各種角度思考、驗證這樣的力量。但其實我之所以這麼做，還有另一個動機。我想要構思一種哲學——在這種哲學裡，不是把「聆聽」當作哲學思考的題材，而是以「聆聽」這件事本身，作爲哲學的實踐。不是以「反省」（＝獨白）爲基礎的哲學。我所想像的哲學，是一種「陪跑者」的工作，是不以自己爲中心的思考。

在我這些想法的背景裡，有一種確定不移的感觸。所謂的〈我〉，是一種無法自給自足的存在，無法閉鎖在自我之中的存在，無法提供自己存在依據的存在。〈我〉不是自己生到這個世界來的。如果不是有人幫我們穿衣服、餵我們吃飯，我們不可能長大成人。如果不是過去的人在歷史中建立了某種程度的生活水準，個人的生命無法開始。因爲使用「我」這個字，我才能成爲這個獨一無二的〈我〉；因爲他者將我們視爲特定的

「某人」，我們才能在回應他們的召喚時，獲得作爲〈我〉的獨特性（請參照第四章）。更重要的是，〈我〉甚至連自己爬進棺材，都做不到。

讓我們再思考一次「hospitality」的概念。「熱誠款待的本質，不在負責接待的主人身上。熱誠款待的本質，再怎麼說都必須根據來訪客人而制定。」這是先前引用過的《好客禮讚》的作者，謝赫說的話。謝赫認爲，hospitality 讓接待「客人」的人，脫離自己的身分認同——請注意，他說的不是「客人」，而是接待「客人」的人。接待「客人」，並不是同化「客人」；相反地，是讓自己異化爲未知的樣貌。換個方式說，只有捨棄對身分認同的固執、不堅持任何歸屬，只有當一個人不在意、不關心自己在某個場所、某個特定的意義空間中屬於哪個位置，hospitality 才能成立。Hospitality 是一種相互的連結；在這樣的連結裡，一個人重視「客人」的存在超過自我的認同，也超過「我們」的規矩。「如果不讓自己轉化爲他者，所謂對他者的認同，說到底只不過是一句空話。」

從這個觀點來看，hospitality 是一種抵抗——抵抗自己，不讓自己只從自己的立場觀看世界，不把自己當作世界的中心。我無法閉鎖在自我之中。因爲有人把我當成特定的「某人」、呼喚我的名字，我才能成爲獨一無二的〈我〉。因此，所謂我的獨特性，並不是從自己內部發掘出來的東西（我所擁有的能力、素質或屬性），而是一次又一次透過他者叫喚我的事實，而得到確認。這件事實，讓我們以爲的、獨一無二的〈我〉的存在鬆脫，彷彿脫臼的肩膀一般。

這個情況對於照護者、以及試圖照護照護者的人（嘗試「臨床哲學」的人）來說，恐怕都是一樣的。若是如此，那麼「臨床哲學」也從一開始，就存在於眾多他者之間。有自己的名字的、每一位都是獨一無二的他者。「臨床哲學」並非凡事不干己、翱翔於高空的思考，而是改變自己的事件。這時候我突然想起梅洛-龐蒂所說的話：「所謂哲學，是自己的起點（commencement）不斷被更新的經驗。」不過這一次，它帶著嶄新的含義。

在這裡我們要討論的是，在照護、或者照護照護者的行爲中，照護者與被照護者的存在之特殊性。照護者與被照護者的存在，無法被還原爲可用任何人代換的「角色」。這樣的他者，

植田正治〈DUNES，山川惣治像〉1986年

可以對他做什麼？為他做什麼？這是臨床哲學的問題所在。

語言的關係，以召喚與呼格（vocative case）為其本質性的要素。不論是告訴他人「不能跟他說話」、將他人分類為病人、或是宣告其死刑，他人在受到召喚的同時，得以保持「不同的人」的身分，得到認同。他人在被掌控、受傷害、遭到凌辱的同時，也受到「尊重」。受到召喚的人並不是因為我而被了解。換句話說，他並沒有被納入範疇之中。受到召喚的人，是我說話的對象。他只以自己為遵循的基準，因此無法被分類、定義。

（列維納斯《全體與無限》）

不用範疇、類別，而用名字來稱呼他者，這就是所謂的「接納作為他者的他者」。那是對他者剖開自己。我們不應該在任何意義下將他者視為對象——即使是「理解」——因此也不應該透過任何意義為他者分類。分類的行為，是將對方的存在視為可替換的事物。列維納斯斬釘截鐵地說，將人類視為可替換的事物，是「最根本的不敬」。

若是如此，那麼就可以說，hospitality 正支持了個體存在的無可取代性，也就是獨特性（＝最根本的單數性 singularity）。而被接納的個體的無可取代性，反過來支持了作為個體的接納者的無可取代性。接納者在接納的行為中，成為被接納者。之前我們已經說過，hospitality的詞源是拉丁語的hospes。Hospes之所以同時具有「被接納者」與「接納者」、「客」與「主」雙方面的意思，說不定就是這個緣故。照護者，還有以「照護的照護」之型態、透過哲學涉及照護的人，也都是如此。至少他們都在這裡，賭上各自的〈我〉。

然而話說從頭，爲什麼「客」＝異邦人非得被接納不可？旅行的人不受到歸屬場所的束縛；以這一點來說，他們是自由的。儘管如此，他們仍然需要過夜的地方；在這個意義下，他們是悲慘的。他們來到這裡，因爲除了這裡，他們別無棲身之處。謝赫也這麼說：「尋求救助」是「客」的極端型態；「客失去一切，以最無防備的姿態現身。」無法不感覺他者的痛苦、無法對他者的痛苦漠不關心（no-indifférence），是人「易受傷害」的本質（vulnérabilité）。這個概念必須和hospitality的概念連結在一起——我們在第五章談論hospitality的時候已經預見了這一點。在這裡，我還要從稍微不同的角度，引用列維納斯的話：

異邦人在其他地方沒有棲身之處。異邦人不是原住民。異邦人沒有故鄉、居無定所，暴露在季節寒暑之下。而除了仰賴我幫忙之外別無辦法，那正是鄰人的無國籍性、鄰人的異邦性。鄰人的無國籍性與異邦性，是我加諸他們身上的。

（列維納斯《全體與無限》）

「他者的異邦性（étrangeté）是我加諸他們身上的」這個說法很重要。因爲這種時候，人無法再用一般的概念來認知自己。受到特定某人呼喚的〈我〉無法別過頭、不去正視受到呼喚的自己，所以是獨一無二的。如果用某個一般的概念來認知自己——舉例來說，把自己視爲「主體」——那就是〈我〉逃避必須對他者承擔的責任。「受到呼喚」使〈我〉的身分認同搖搖欲墜，也讓〈我〉「成爲異邦人，被趕出自己的家」。與他者的邂逅既無法預測也不能選擇，純粹是偶然。他者不是我們自己選的，我們只是遇見他們。我們與他者的hospitality的關係，就在這樣的偶然性裡生成。

如果沒有親自遇見的他者（自己以外的、獨一無二的存在者），〈我〉也無法成爲獨一無二的存在。這件事的意義，需要更進一步深入探究。

當我們與他者連結到同一件事物，彼此都讓自己與該事物同一化，將得到「合一」的共同性。但是當我們說一個人的存在獨一無二的時候，就表示他的存在無法被回收到這個「合一」的共同性裡。個體的存在是一種過剩，沒辦法還原爲互相映照的鏡像關係。所以，我們萬萬不可將個體與個體之間因爲hospitality所產生的親密性，與家族愛、同胞愛、祖國愛等等這種（合一的）情感牽絆，混爲一談。還不如說，hospitality所產生的親密性，應該在「透過不合一進行相互交流」的可能性（Jean-Luc Nancy, 1940-2021）中尋求。

順帶一提，hospitality這個概念的語義中，已經包含了存在於「合一」的共同體外部的異邦性（＝他者性）。前面我們已經看到，英語中host這個字的字源來自拉丁語的hospes，它同時具有「客」與「主」的雙重意義。但host還有一個字源，那就是拉丁語的hostis。據說，hostis曾經同時表示「客」、「異邦人」、以及「敵人」，但後來「客」的語義被hospes奪走，hostis只剩下「敵人」的意思。今天hospitality（＝熱誠待客）與hostility（＝敵意）的差異，就來自這裡。原註一

順帶一提，自古以來經常有人以「對他者的負債」這個商業概念作爲隱喻，來說明道德。從商業與數學的邏輯尋找道德與正義的起源，這樣的主張已經有漫長的歷史。到了近代，尼采在《道德系譜學》一書中指出，德文中表示責任、義務、過錯、虧欠的字Schuld，來自負債、借款等商業上的意義，而Schuld的概念，就是損害與痛苦的等價（債務及其清償、損害及其賠償）。柏格森（Henri Bergson，1859-1941）則在其著作《道德與宗教的兩個來源》中主張，正義概念的歷史起源，來自有關價值平衡（平等、比例、代償）的算數與幾何學概念。現代的社會人類學家埃德蒙・利奇（Edmund Ronald Leach, 1910-1989）在他的《社會人類學》中寫道：「雖然我們不會精細地計算、記錄『誰向誰借用了些什麼』，但當事者們在無形中都知道『長期來說必須取得均衡』是一種道德上的義務。」這件事是社會中，個人對其他個人的權利與義務的根源。負債的情感，正是我們必須一再確認的社會牽絆。

這種「負債」的感覺，一方面是一種否定「無償」的、計算式的思考，另一方面則是一種被動性的感覺，覺得自己的存在得自他者的恩惠。這是個非常引人深思的課題。後者的意義，讓我們聯想到不好意思、受寵若驚、不敢當、恩重如山等等「有所虧欠」的情感——日語的「すみません」原意是「還沒有結算」，常常用來表示內心的虧欠與不安，或者讓我們聯想到不忍心、悲憫、哀憐等等，因爲他者的悲痛或苦惱感到傷心的情感。這種意義下的「負債」，與列維納斯在《我們之間》中對事態的理解——無法不感覺到他者的悲痛，無法對他者的痛苦漠不關心——息息相關。

然而，前者意義下的「負債」，則是與「hospitality」對立的概念。Hospitality 不是負債的倫理。因爲hospitality 是無條件提供的，是「無償」的。說得更直接一點，hospitality 是一種「浪費」，或者說是「散財」。Hospitality 是沒有含義、在意義之外的行爲。就像連恩醫師那位被招待了一杯茶的思覺失調症患者的經驗，那不是爲了特定身分的誰，也沒有任何目的，就只是奉茶給一個人，不多也不少。當人開始思考「回報」，hospitality 就已不存在。在這個意義下我們忍不住要說，hospitality 甚至超出了道德與倫理（過去市井小民之間，曾經有過這樣的hospitality。拿出一點自己的東西——也許是錢，或是食物——分給蹲在路邊的人或是路過的陌生人，不問他是誰。那是一種「互惠」的思想——或許有一天、在某個地方，自己也會需要他人接濟。這樣的想法，或許可說是介於「負債的倫理」內藏的兩種要素之間。）

4 與意義交纏，同時遠離意義

Hospitality超出了意義，不考慮目的或效果。沒有任何保留，只是因爲「有人在受苦」，而陪在他者身邊（無條件的同在）。我以這樣的關係作爲主題，是爲了思考我們的存在，在遠離意義的彼岸所能擁有的力量。

不論自覺與否，我們都是在與他者相互照護的關係中，讓「我」成爲獨一無二的〈我〉。超過角色所需，以無可取代的「特定某人」的身分，與他者同在——這是照護的「實存的」（existential）的面向。而這樣的面向，和「在該斷開的地方斷開」這種「職業的」距離感之間，有著什麼樣的關係？這是個還需要釐清的問題。人在遇見他者的時候，賭的是自己的同一性（自我認同）。因爲特定他者的召喚，我們被迫以「他者的他者」的身分，面對自己存在的獨特性。透過破壞自己的同一性、放棄自己的propriété（所有物、特質、獨特性），讓自己成爲輪廓模糊的、曖昧的存在，人才能在沒有同一性（＝身分）證明的狀況下，毫無保留地接納他者，或者爲「客」所接納。我們也爲「臨床」下了定義。「置身某個他者的面前，讓自己也在這hospitable的關係中產生變化——所謂『臨床』，就是發生這種經驗的場面。」（請參照第四章）也就是說，「實存的」面向與「職業的」面向交叉的地點，就是「臨床」的場面吧！

爲什麼非受這種苦不可？爲什麼是我？對有些痛苦來說，這種問題就算問了，也不會有答案。那些無意義的痛苦、荒謬的痛苦，該如何感受它們才好？這是陪伴他者一起面對痛苦、無條件的「同在」所具有的力量，必須回答的問題——毫無遮掩地，在遠離意義之處。「承受這個世界的無意義性，就是生命的意義」、「面對存在的『荒謬』而不逃避，就是此在（Dasein）的意義」這些話試圖賦予痛苦某種反省式的意義。如果面對他者（們）的人，在這種時候不離開、不逃走（用更嚴厲的話來說），能不能眞的有什麼力量，超出那些反省式的意義？

法蘭可認爲，一個人若是能將某種意義寄託於未來，或者至少從未來的觀點看待現在，可以稍稍幫助自己，不讓自己完全崩潰。他根據本身在納粹集中營的經驗，竭盡可能地說明了這一點。就算是一時的幻想也好，集中營裡那些相信未來的人，可以稍微活得久一點。雖然是明顯的自欺，法蘭可曾經幻想自己在明亮的大演講廳裡，向滿滿的聽衆演講集中營心理學。然而，當自欺的謊言被拆穿，等著我們的是更深的絕望。人在失去未來的同時，「內在也跟著瓦解」。這種危機，通常是這樣開始的：

> 這名囚犯從某一天開始，動也不動地躺在營舍裡。不換衣服，不上廁所，不參加點名。對他做什麼都沒用。沒有任何事可以嚇到他——懇求、威嚇、甚至毆打——一切都是徒勞。他還是躺在那裡，一動也不動。如果這危機是生病引起的，他拒絕

被送到病棟，也拒絕別人爲他做任何事。他放棄了自己！即使全身沾滿了自己的糞尿，他還是躺在那裡，已經沒有任何事物能讓他煩心。

（《活出意義來》〔*… trotzdem Ja zum Leben sagen*〕）

這個突然而來的危機，發生在聖誕節與新年之間。一九四四年的聖誕節開始，到一九四五年的新年爲止，出現了前所未有的大量死者。「大量死亡的原因很單純，只因爲大多數的囚犯都以爲自己聖誕節就可以回家，把一切都寄託在這個平凡無奇的希望上。」法蘭可如此寫道。「知道爲什麼而活的人，不論活在什麼樣的境遇下，幾乎都可以承受。」然而，一旦「儘管如此還是要活下去」的意義消失，人會頓失「寄託」，很快就會倒下。據說那些處於絕望的深淵、拒絕任何安慰的人，最常說的話就是：「人生對我來說，已經沒有任何值得期待的事。」面對這樣的問題，我們能怎麼回答？

法蘭可的回答是：「我們需要的，是改變對生命問題的觀點。」「問題不在於我們對人生還能有什麼期待；問題在於，人生對我們有什麼期待。」他這麼說。

這個「觀點的變更」值得我們深思。這句話說的是，我們並不是詢問人生意義的人，而應該是「被詢問者」。法蘭可說：「我曾經成功地對幾個人指出，人生對他們還有所期待。換句話說，人生中還有某些事物，在未來等著他們。事實上眞的有一個人，他摯愛的孩子在國外『等著』他。而另外一個人，『等著』他的不是人，而是他的工作。」儘管力量似乎微小，「被等待」的受動性確實能支持一個人活下去。如果連有某個人、某件事物「等著」自己的確信都被奪走，人要怎麼才能承受自己「還活著」？到哪裡才找得到不尋死的理由？

如果我們以基督教的方式，用「受難」或「犧牲」來解釋痛苦本身的意義，那太令人難受了。或者像法蘭可那樣，把「終生苦惱」視爲homo patiens——受苦的人類——的「工作」，也使人窒息。還不如大家一起在地面匍匐，一邊互相安慰：「我們都是苦中人！」英語的human——「人」——這個字，來自拉丁文的humus，意思是「地面」或「土壤」。「人是這個地上的被造物」這件事，被稱爲humanity。有一個很相似的單字是humility，意思是謙虛。它的字源同樣來自humus，從「低到接近地面」的意象，衍生出謙虛的意思。而表示謙遜、可憐、卑微、寒酸的humble，其字源也是humus（土壤）。爲自己存在的低微感到驚訝；苦笑之餘，希望自己是個hospitable的人。我們不需要透過「痛苦」的概念，爲苦惱添加更「豐富的」意義。Sympathy（同理）的原意是「一起受苦」。就像看到背負重物而氣喘吁吁的人、走過去扛起他一半的負荷，我們只要分擔他者一半的痛苦就好。或許「我可以幫忙嗎？」（Can I help you?）這樣一句語氣輕鬆的話，更能表現出hospitality的概念。

我們不是因爲了解而體貼他者；相反地，正因爲不知道他者的感覺或想法，所以設身處地、爲他者的現在著想。爲孩子做菜的母親想的不是自己，而是擔心合不合

植田正治〈選自《小小的傳記》系列〉1974-82年

「你」的口味。所以她忐忑不安地問：「好吃嗎？」當孩子回答「好吃！」的時候，她才能賦予自己的行爲正面的意義。

舉這件單純的事實作爲佐證是爲了說明，當一個人怎麼也找不到活下去的理由時，要說服自己「有活著的價值」非常困難。這種時候，就算對死亡的恐懼可以發揮一些作用，倫理與道德對他卻是完全無效的。如果不能充分感受到生命的樂趣，如果無法從內心深處肯定人生，人無法正面看待「自己還沒死」這件事。永井均（1951-）在他的著作《這就是尼采》（『これがニーチェだ』）中這樣寫道：「孩童的教育第一件該做的事不是教他們道德，而是要讓他們用整個人，感覺到人生是有趣的。換句話說，必須讓他們知道，自己的生命從根本上就值得肯定。」

但是，如果一個人不能充分體驗到生命的樂趣，那該怎麼辦？這種時候，他者可以將這樣的經驗當作禮物送給他。就像獻上一束花一樣。

「我，眞的活著也沒關係嗎？」

「當然可以喲。就照你自己的樣子活下去。」

以原原本本的樣貌肯定他者，沒有附加條件。不是康德所說的那種無條件的命令（定言令式），而是無條件的肯定。一個人有沒有能力送出這樣的禮物，關鍵就在於送禮的人本身，是否有過——就算只有一次也好——自己的存在受到無條件肯定的經驗。如果你懂事一點、如果你安靜一點……沒有任何這種保留條件，存在受到全面肯定的經驗。有人讓我們盡情吸吮乳房，幫我們擦乾嘴角的奶水、撿起掉落的玩具、擦拭沾滿大便的屁股，幫我們仔細清洗頭髮、脖子、腋下、指縫、股溝的經驗。從對方的立場來看，這種行爲是以他者原本的樣貌、接受他者的存在，關心、照顧其存在。照護的根本，需要的是這樣的經驗。每個人在其生命的出發點都需要他者的幫助，才能夠活下去。因此，被遺棄的感覺、無依無靠的感覺（德文：Hilflosigkeit），會剝奪一個人的生命力。

順帶一提，精神科醫師北山修（1946-）曾經指出：「爭奪棲身之處的遊戲（比方大風吹、爭凳子等等）和其他遊戲比起來，是極爲殘酷的。但很少人察覺這一點。」（《自己與安身之處》『自分と居場所』）

在這種場合發揮作用的，是hospitable的想像力。這種想像力，可以在與他者一起進食的經驗中培養出來。看得到的光景、充滿空間的聲音、飄蕩在空氣中的氣味……我們對這些事物的經驗，可以立刻與當場的他者共有。但味覺就不是如此。他人嘴裡食物的味道，如果不發揮想像力，是無法共有的。就算知道它應該很好吃，但其味道與口感，只能每個人在自己體內深處細細體會，旁觀者是沒法知道的，非運用想像力不可。揣摩他者的想法所需要的想像力，常常可以在餐桌上培養出來。如果從小沒有充分感受這樣的經驗——不，如果不是天天體驗到這種事——人將會缺乏設身處地爲他人著想的態度。設想他人的想法，與照護他者的（自我）照護，有類似的結構。我們從享用一杯茶的例子開始了這一連串的思考，並非偶然。

5　模稜兩可與開朗

如果說，臨床哲學賦予自己的使命——如同我們一再重複述說的——是以照護照護者的姿態參與「現場」，那麼這種哲學的工作本身，必定需要「同在」這個層次中的「無可取代性」。若是如此，最終來說臨床哲學（過去精神分析理論就是如此）很可能僅僅將自己的活動，投入與某個特定他者的深層關係之中，並以此視爲使命的達成。而且，這樣也很好。

在有關臨床哲學的討論會中，經常聽到參加者抱怨，臨床哲學沒有方法、沒有確定的答案，就只是一直講話而已。那或許是因爲，必須在模糊曖昧的事情無法分類、得不到結論的狀態下繼續前進，這樣的「模稜兩可」造成大家的不安吧！一方面必須接受有些問題就是得不到結論，一方面又試圖尋求某種解決，是極爲困難的事。關於這一點，先前我們引用過的北山修，寫下了這樣一段鼓舞人心的文字：

接受各方諮商的精神科醫師，在醫院內外接觸形形色色人們的社工，同時和患者本人與主治醫師保持聯繫的臨床心理師與護理師，他們的行爲方式有時會給人「模稜兩可」的印象。擔任連結者角色的人被定位在中間的位置，有下述的幾重意義：第一，爲了發揮獨自的功能而保持中立，而產生了位置的中間性。第二，因爲角色的需求，必須處理精神與身體、心理與現實等等各式各樣領域中的問題，並採取行動，因而產生了位置的多面性。

（《自己與安身之處》『自分と居場所』）

北山認爲，中間性的「模稜兩可」是「非任何一邊的意思」，而多面性、兩面性的「模稜兩可」，則是「哪一邊的意思都說得通」。「中介性的人、事、物」因爲總是同時具有中間性與兩面性，所以給人「模稜兩可」的感覺。日語的「ハシ」可以是過渡到對岸的「橋」，也可以是表示道路末端的「端」。當它是「橋」的時候，它具有中間性；當它是「端」的時候，則具有兩面性（既是終點也是起點）。北山說，「ハシ」正反映出這樣的兩義性。

然而，如果把我們在臨床哲學中看到的「模稜兩可」，也看作是「中介」（卽使只是部分地）照護者與其自我理解的工作——如同護理與看護以「中介的」方式照護他者的（自我）照護——那麼哲學的同一性，也在作爲文本的他者的「現場」中受到動搖，而不斷更新自己。臨床哲學把這樣的地方當作自己的「現場」，以它作爲自己的立足點。

卡羅爾・吉利根（Carol Gilligan, 1937-）在她的《不同的聲音》（*In a Different Voice*）一書中，從「女性」的立場，談論了這樣的混亂。

因爲感受到他人的需要、將照顧他人視爲自己的責任，女性們注意到自己以外的複數的聲音，把他人的視點納入自己的判斷之中。某些判斷如實地指出，女性們在陷入道德兩難時所表現出來的散漫與混亂，是女性在道德上的弱點。但這些弱點，同時也與女性的道德力量（亦卽，以人際關係與責任爲最優先）緊密結合、牢不可分。

這是將「模稜兩可」與「馬虎隨便」這種負面因素翻轉過來。我們非意識到這件事不可，還有一個理由——照護是很容易讓個人爲自己的行爲正當化的領域。在這個意義下，它也是最難找到適當的切入點、危險的領域。正因爲如此，大家都無聲無息、幾乎是偷偷地走進去。一旦照護成爲義務（爲了自我肯定）、或是某種藉口，那就失去了一切價值。

不論到哪裡，人都不得不與自己的低劣卑微共存。舉例來說，人可以利用其他人格作爲手段，也可以僞裝自己。人會失去對他者的想像力，甚至失去「想像」的經驗本身。遭到遺棄的時候，人可以變得超乎想像地殘忍；那道門檻輕易就可以跨過去。知道自己具有這樣的可能性，把自己放在最低下的位置……。除了在最低處，我們無法感受到自己。這個世界充滿了像自己這樣的人。沒有比活在這樣的世界裡更痛苦的事。沒有比這個更愚蠢的事。

Hospitality是因爲無辜純眞，不知道世界的愚蠢可笑嗎？說不定正好相反。說不定hospitality是我們在看盡一切愚蠢之後，才能費盡氣力、在更過分的愚蠢中找到的東西。我們這樣說，會不會太瞧不起無辜純眞了？雖然人們經常用「愚蠢」來侮辱別人，但一個人若是從未置身悲哀到可笑的境地，眞的能夠有一顆hospitable的心嗎？Hospitality

不是希望的徵兆，而是絕望的象徵。面對再怎麼想都只能感到絕望的事態，不移開視線，承認它的存在——除了這麼做，像一把爛泥（humus）一樣的人類（humanity）不可能有hospitality，不是嗎？「也不爲什麼，我還是想爲他人設想，可以嗎？」面對除了這樣問、沒有別的話可說的人，默默地點頭——像這樣的hospitality。

如先前所說，自己的存在受到他者無條件肯定的經驗——我們在欠缺這種經驗的人身上，感受到某種遙遠的、彼岸的感觸。那既不是溫柔善良、也不是冷酷無情，而是一種中性的情感。這樣的人在「彼岸」流下了淚水；那淚痕，是劃分「是否爲人」的界線。即使面對的是這樣的人，仍然陪伴在側、不離他而去。那是「無償」的hospitality。不是在同理（sympathy）可以抵達之處，而是在同理不可能的地點，向他者伸出援手。即使是可能失去人性的人，仍試著與他接觸。或許只有在這樣的地方，人的卑微寒酸、人的「軟弱」，才能上升到思想的高度。話題越來越「灰暗」。在本書的最後，還有一件事我急著要說。

記得那是神戶遭受空前大地震襲擊，兩個星期之後的事。我和朋友一起，運送一些物資到設置在蘆屋市的避難所。在那裡，有受災者對我說了意想不到的話。大概因爲很多人還在戶外活動，或正在準備晚餐吧！當時體育館裡人影稀疏。我把一個裝著暖暖包的袋子，遞給一個人孤伶伶坐在角落的年老女性，在她身旁待了一陣子，聽她細細述說自己受災的經驗。後來，因爲人們陸陸續續回來，我想時間也差不多了，就向她告辭。

她跟我說：「吃過飯再走吧！從這裡回到京都，你肚子要餓壞了。」背後響起另一位女性的聲音：「這裡的飯很好吃喔！吃吃看嘛！」說著，端了一盤熱騰騰的青菜過來。我說：「不行啦！我要是眞的吃了會遭天譴！」急急忙忙告退。

另一座體育館旁的通路上，好幾隻身分不明的家犬，被「保護」在那兒。館內也有許多人，親眼看到家人在自己面前死去。這樣的光景，不管再怎麼閉上眼睛也不會消失吧。對那些不斷自責的人，卽使說「那不是你的錯」，也無法安慰他們。不只是受災地——就連避難所，也一定有很多人在這裡受到心靈的創傷吧！儘管如此，他們還能在這樣的地方，關心外來的訪客肚子餓不餓。這種高尚的人品，究竟來自何處？還有，「這裡的飯很好吃喔！」那種開朗、充滿活力的聲音，究竟是從哪裡發出來的？

在這個避難所，身爲訪客的我們，肚子受到受災者的關心。要來關懷別人的人，反而受到關懷。同時更讓我留下強烈印象的是，在深沉的悲哀之中，有某種甩掉一切之後的「開朗」。那種「開朗」，和關西人動不動就自嘲、拿自己開玩笑的特質不一樣。我深深感覺，人與人之間相互的hospitality背後，一定要有這樣的「開朗」。在那之後，每一次在大學裡舉行臨床哲學研討會時，我都懷著祈禱一樣的心情，希望——至少一次也好——能出現讓大家一起開懷大笑的機會。過去我在撰寫探討流行的《時尚的迷宮》（『モードの迷宮』）時，爲最後一章訂下的標題是〈開朗的虛無主義？〉就像呼應那個標題一樣，我想要在本書的最後，寫下「開朗的hospitality」這句話。

◇ 後記

前些日子，我和職場夥伴一起舉辦的臨床哲學定期研討會，邀請了發展心理學家濱田壽美男先生（1947-）前來參加。那天的主題是「學校」。在演講後的問答中，濱田先生敍述了好幾件令人印象深刻的事，像四散的火花一般，瀰漫了整個會場。其中有兩個插曲，讓我微微感到暈眩。

一個是濱田先生自己小孩的故事。關於新鮮與不新鮮的蛋的故事。

小學裡有一堂課，教孩子們分辨新鮮的蛋與不新鮮的蛋的方法。我們那一代的人學到的方法，是看蛋殼表面光滑或粗糙，蛋放到水裡會浮起來或沉下去等等。但這些孩子學到的是，把蛋敲開，放在盤子裡觀察。蛋黃緊實、高高鼓起的是新鮮的蛋，蛋黃扁平的，就是不新鮮。後來學校在考試中出了這樣一道試題：「圖片裡有兩顆蛋；你會選哪一顆吃？」濱田先生的孩子回答的是「扁平的那一顆」。班上其他同學，則全部都勾選蛋黃鼓起的。老師規定的正確答案是鼓起的那一顆，因爲它比較新鮮。

濱田先生的孩子認爲，正因爲這樣，所以扁平的那一顆才是正確答案。從冰箱裡拿出兩顆蛋，如果有效期限不一樣，當然應該先吃已經放得比較久的那一顆。這樣的回答被打個大叉，孩子覺得很受傷。

話說回來，其實如果一定要敲開蛋才能確定新鮮不新鮮，那這個方法並沒有太大用處。但這一點我們暫且不論。考試出的這個題目，做了一件偷偷摸摸的事——把問題從「哪顆蛋比較新鮮？」偷渡到「你會選哪一顆？」而且還一副理所當然的樣子。這樣的提問方式，沒有考慮到爲什麼要分辨蛋的新鮮與否？分辨出來以後要怎麼做？等等。換句話說，沒有考慮這件事在日常生活中的位置。這樣的知識，孩子們不會「用身體記住」，也不會去運用它。相反地，濱田先生的孩子因爲父母都在工作，常常需要自己做飯，所以他從一開始，就在做家事的脈絡下思考這個問題。

人應該知道些什麼？哪些事情值得知道？知道這些事情對我們的生命、生活，有什麼意義？現代的「科學」與學校的「學科」，動不動就把這個問題切割開來，認爲它事不關己。但濱田先生的孩子，確確實實地將這個問題，放在自己的視野裡。臨床哲學，絕不可以忘記這位「小小哲學家」的眼睛。

濱田先生還說了一件事，是關於學校的「制度化」語言。他說，「學校語言」這東西，嚴重扭曲了我們的人際關係。

老師在學校裡，教導學生各種知識；跟著會試探學生，看看他們是否記住。沒錯，他們在試探「人」。所謂試探，就是要看看自己知道的事，別人是不是也知道。平常我們問別人問題，問的是自己不知道的事。因爲不知道、希望別人告訴我們，所以才問問題。這裡面包含著「想知道」、「想學習」、「希望得到教導」等等，一種對他者的懇切請求。而教導的那一方，也是帶著傳遞、溝通的態度，告訴對方他所知道的事。

但是在學校，拿自己已經知道的事情來問別人，卻彷彿是理所當然的；老師們每天都在對學生做這樣的事。對學生的「信賴」一直都被擺在一旁，處於停機狀態。而遭到試探的學生，他們回應的對象也不是「被詢問」的事情；回答問題的時候，他們想的是「有沒有猜中」。如果答對了，就是猜中；猜中了，就覺得高興。老師與學生之間，沒有「想知道」、「想傳達」、那種熱烈的情感。「傳達與回應」這種人與人的關係，被調包成「試探與揣測上意」（「信賴」暫時停止運作）的關係。知識被當成一種財產，持有鑰匙的人才能打開；而教師，則扮演保管鑰匙的警衛或舍監的角色。

因此濱田先生主張，學校若眞的要成爲教導孩子們「活知識」的場所，首先老師們就要禁止自己使用這種「制度化」的學校語言。老師們，不應該再詢問學生自己所知道的事情。

那麼，我們的臨床哲學呢？臨床哲學不是研究「聆聽」行爲的哲學，而是以「聆聽」爲己任的哲學。在這個意義下，驅動臨床哲學的應該是一種寧靜的熱情；一種想了解別人、想與人接觸、想傳遞某種想法或訊息的渴望。離開這種交流的場所，臨床哲學不可能存在。離開「說話／聆聽」這種人與人的關係，臨床哲學不可能存在。臨床哲學當然還是需要文字、書本。但首先我們必須站到某個他人的面前、投身社會的某個場所，否則無法開始。這就是我所想傳遞的訊息。

從一九九七年新春號（第四十三期）開始、到一九九八年秋季號（第五十期）爲止，我在《都會季刊》（『季刊アステイオン』）連載了八篇與本書各章標題相同的文章。本書的內容，就是以那八次連載爲基礎所構成的。這次能由出版社「TBSブリタニカ」以單行本的形式出版，心中無限感激。特別是因爲，這些對臨床哲學的思考，與其說是「試論」，還不如說更接近「私論」。那一次的連載從雛形尚未浮現的階段開始，原任總編輯的奥村啓三先生，就陪著我一路前行到折返點爲止；接著由前總編伊藤讓先生，以無比溫暖的用心與縝密細膩的工作態度，領著我走向終點。而從連載結束到成書，又受到同屬「TBSブリタニカ」書籍編輯部的小泉伸夫先生全面的照料。

從連載開始之前，我就有一個魯莽不遜的願望：希望我的文字、推論與想像，能夠和我所敬愛的攝影家——植田正治（1913-2000）先生的攝影作品交織在一起，向前發展。於是我寫了一封信到植田先生位於鳥取縣的家，說明我的願望，沒想到他立刻爽快地答應了。每次的連載——不論是扉頁或內文中——都可以放入植田先生所拍攝的照片，對我來說，眞的是很幸福的一件事。執筆過程中不知有多少次，我感到詞窮而無以爲繼；那種時候，想要在植田先生的照片旁，添加自己文字的念頭，總是能讓我從心裡再擠出適當的話來。那時候所用的照片，如今也在這本書裡，對著我的文字微笑。謝謝您，植田先生。

一九九九年四月

Master 083

聆聽的力量：臨床哲學試論

「聴く」ことの力：臨床哲学試論

作者：鷲田清一　譯者：林暉鈞

出版者—心靈工坊文化事業股份有限公司
發行人—王浩威　總編輯—徐嘉俊
責任編輯—黃心宜 封面設計、內頁設計—羅文岑 內文排版—陳馥帆
通訊地址—106 台北市信義路四段 53 巷 8 號 2 樓
郵政劃撥—19546215　戶名—心靈工坊文化事業股份有限公司
電話—02）2702-9186　傳眞—02）2702-9286
Email—service@psygarden.com.tw　網址—www.psygarden.com.tw

製版・印刷—彩峰造藝印像股份有限公司
總經銷—大和書報圖書股份有限公司
電話—02）8990-2588　傳眞—02）2290-1658
通訊地址—242 新北市新莊區五工五路 2 號（五股工業區）
初版一刷—2022 年 8 月　ISBN—978-986-357-245-9　定價—480 元

國家圖書館出版品預行編目（CIP）資料

聆聽的力量 ： 臨床哲學試論 / 鷲田清一著 ； 林暉鈞譯. -- 初版. -- 臺北市 ： 心靈工坊文化事業股份有限公司, 2022.08
面 ；　公分. -- (Master ; 83)
譯自 ：「聴く」ことの力 ： 臨床哲学試論

ISBN 978-986-357-245-9(平裝)

1.CST: 哲學 2.CST: 文集

107　　　　111012053

心靈工坊 PsyGarden　書香家族 讀友卡

感謝您購買心靈工坊的叢書，爲了加強對您的服務，請您詳填本卡，
直接投入郵筒（免貼郵票）或傳眞，我們會珍視您的意見，
並提供您最新的活動訊息，共同以書會友，追求身心靈的創意與成長。

書系編號—Master 083　　書名—聆聽的力量：臨床哲學試論

姓名　　是否已加入書香家族？□是 □現在加入

電話 (O)　　(H)　　手機

E-mail　　生日　　年　　月　　日

地址 □□□

服務機構　　職稱

您的性別—□1.女 □2.男 □3.其他

婚姻狀況—□1.未婚 □2.已婚 □3.離婚 □4.不婚 □5.同志 □6.喪偶 □7.分居

請問您如何得知這本書？
□1.書店 □2.報章雜誌 □3.廣播電視 □4.親友推介 □5.心靈工坊書訊
□6.廣告DM □7.心靈工坊網站 □8.其他網路媒體 □9.其他

您購買本書的方式？
□1.書店 □2.劃撥郵購 □3.團體訂購 □4.網路訂購 □5.其他

您對本書的意見？
□ 封面設計　1.須再改進 2.尚可 3.滿意 4.非常滿意
□ 版面編排　1.須再改進 2.尚可 3.滿意 4.非常滿意
□ 內容　1.須再改進 2.尚可 3.滿意 4.非常滿意
□ 文筆／翻譯　1.須再改進 2.尚可 3.滿意 4.非常滿意
□ 價格　1.須再改進 2.尚可 3.滿意 4.非常滿意

您對我們有何建議？

□本人同意＿＿＿＿＿＿（請簽名）提供（真實姓名/E-mail/地址/電話/年齡/等資料），以作為心靈工坊（聯絡/寄貨/加入會員/行銷/會員折扣/等之用，詳細內容請參閱http://shop.psygarden.com.tw/member_register.asp。

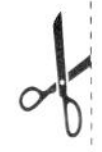

廣　告　回　信
台北郵政登記證
台北廣字第1143號
免　貼　郵　票

10684台北市信義路四段53巷8號2樓

讀者服務組　收

免　貼　郵　票

（對折線）

加入心靈工坊書香家族會員
共享知識的盛宴，成長的喜悅

請寄回這張回函卡（免貼郵票），
您就成為心靈工坊的書香家族會員，您將可以——

⊙隨時收到新書出版和活動訊息

⊙獲得各項回饋和優惠方案